“そうじ”をすると、なぜ会社がよくなるのか

小早祥一郎 著

セルバ出版

はじめに　「そうじの力」とは何か

〝そうじ〟をつうじた組織風土改革

私は、株式会社そうじの力という会社を経営していますが、何をしている会社かというと、〝そうじ〟をつうじた組織風土改革のお手伝いをしています。

よくビルメンテナンスなどの清掃会社と間違われるのですが（笑）、そうではありません。クライアント企業において、社長をはじめとして社員全員がそうじに取り組み、それによって人が変わり、組織が変わるのを、研修や現場指導によって後押ししているのです。

私は本書で、そうじをつうじた組織風土改革の、バックグラウンドにある考え方や、導入事例、具体的な実践方法などについて解説します。

そうじをつうじた組織風土改革というと、皆さんはどのようなイメージを持たれるでしょうか。

「えっ、そうじなんかして、組織風土が変わるの？」

「そうじと組織風土が、いったいどんな関係があるの？」

そんな、懐疑的な印象を持つ方もいらっしゃるでしょう。

そうじをすれば、場がキレイになりますが、それに組織風土を変える力があるのか？

確かに、汚いよりはキレイなほうがいいでしょう。乱れているよりは、整っているほうがいいでしょう。一般的なそうじの効用は、その程度です。そのそうじに、組織を変え、経営を変える力があるとは、にわかには信じられないかも知れません。

でも、私がこの仕事をはじめて15年ほどがたちますが、その間、お手伝いした会社は500社あまりになります。お手伝いした会社からは、

「離職率が大幅に低下し、入社希望者が増えた」

「事故やケガ、不良が大幅に低減した」

「残業が減り、年間休日が増えた」

「不良在庫がゼロになった」

「キレイな建築現場が口コミで評判が拡がり、近所から注文が殺到している」

「社員の意識が前向きに、そして明るく変化してきた」

「チームワークが格段によくなり、営業目標もしっかり達成している」

「会長（父）と社長（子）の仲がよくなった」

「若手から将来の幹部候補が育ってきている」

などといった報告を続々といただいております。

なぜそうじに取り組むと、組織が変わるのか？　そのメカニズムの解説は本文に譲るとして、ここでは、実際にそうじに取り組んで、組織風土が変わり、経営がよくなっている会社が世の中にたくさんあるのだということを、頭に入れておいていただきたいのです。

そして、ぜひあなたも、そうじを通じた組織風土改革に取り組んでいただきたいのです。

〝そうじ〟の定義

ところで、私は本書で〝そうじ〟と表現しています。漢字の「掃除」ではなく、あえて平仮名で〝そうじ〟と表記しています。

掃除というと、一般的には、「掃いたり拭いたりして、ごみやほこり、汚れなどを取り去ること」ととらえられています。

私は、あえて〝そうじ〟と表記し、意味も、もう少し広くかつ深く持たせています。

私の定義する〝そうじ〟とは、

「本質を明らかにし、究めること」です。

たとえば、床面を拭くと、ゴミやホコリが取り除かれ、本来の地肌が現れてきます。これが、「本質を明らかにする」ことです。

さらに、磨きこんでいけば、新品の状態よりも、もっと輝くかもしれません。これが、「究める」ことです。

この「本質を明らかにし、究める」ことを、企業における組織活動全般で実施していくことを、〝そうじ〟と表現しています。

たとえば、

・山積みにされているモノの状態を把握し、不要なものを取り除くことで、必要なものがすぐに使えるようにすること。

・あるべきものが、あるべき場所に、あるべき量だけわかりやすくあるようにすることで、誰もが使いやすいようにすること。
・危険なものを取り除くことで、安全を確保すること。
・壊れているものは修理し、汚れているものは磨きこむことで、本来の機能を発揮できるようにすること。
・工夫、改善、更新を常にしていくことで、より高度な仕事ができるようにすること。
などです。

〝そうじ〟の目指すもの

興味深いのは、こうした取り組みをしていくと、必ずといっていいほど、次のような問題が表面化してくることです。

・必要な情報がきちんと伝達されているのだろうか？
・意思疎通の障害となっているものが何かあるのではないだろうか？
・言いたいことが言える、やりたいことがやれる環境が社内につくられているだろうか？
・表面には見えない本当の問題が隠されていないだろうか？
・本来の仕事への集中を阻害する無駄な仕事をしていないだろうか？
・ルールや手順が曖昧で、「なんとなく」になっていないだろうか？

そして、このように表面化してきた問題に対して、手を打っていきます。

すなわち、
・必要な情報がきちんと伝達されるようにする。
・意思疎通の障害となっているものは何かを明らかにし、それを取り除いていく。
・言いたいことが言える、やりたいことがやれる環境を社内につくっていく。
・隠れた問題を露わにし、その解決に取り組む。
・無駄な仕事をそぎ落とし、本来の仕事に集中する。
・ルールや手順を明確化し、順守できるようにする。
ということです。

この「表面化してきた問題に対して解決の手を打っていく」ことこそが、〝そうじ〟の特徴的な活動なのですが、そうした先には、いったい何があるのでしょうか?

それは、
・各人が本来の持てる力を発揮できるようにする
ことであり、さらに、
・互いに気持ちよく仕事ができるようにする
ことだと思います。

この2つのことが、〝そうじ〟の目指す世界であり、目的であるといってよいでしょう。

だから、〝そうじ〟とは決して会社をキレイにする活動ではありません。

〝そうじ〟には、人を、そして組織を変える「力」があります。

「各人が本来の持てる力を発揮できるようにし、互いに気持ちよく仕事ができるようにする力」が、「そうじの力」なのです。

中小企業に最適な〝そうじ〟

本書は、経営者向けに書かれていますが、その中でも特に、中小企業の経営者の方々を想定して書いています。

実際、私のクライアントさんはほとんどが中小企業で、〝そうじ〟に取り組むことで、それまでの会社の風土を大きく変えることに成功しています。

なぜ、中小企業に〝そうじ〟が最適なのか？

たとえば、先代から経営を引き継いだ2代目経営者は、誰しも、「もっと会社をよくしたい。もっと会社を発展させたい」と思うはずです。

ところが、蓋を開けてみると、引き継いだ会社の体質が、旧態依然としたものであることに気づき、愕然とすることも多いでしょう。

そして、「会社を変えるために何かをしなければいけない」と思うものの、「具体的に何をしたらよいのかわからない」という思いで、迷いや焦りを感じることでしょう。

一方の創業経営者は、自分が先頭に立って会社をグイグイ引っ張ってきた。社員が数人の時代ならば、勢いだけでやってこれたものが、規模が大きくなり、社員が数十人数百人になってくると、なかなか社内のまとまりがとれない。なんとかしたいと思うものの、何をすればよいのかわからない、と感じることでしょう。

大企業ならば、豊富な経営資源を基に、さまざまなシステムや制度を導入することができるかもしれません。しかし、中小企業には、そもそも大がかりなものを導入するだけの経営資源がありません。

そこで、〝そうじ〟です。

〝そうじ〟は組織に集う人の「意識」を変えることができます。

〝そうじ〟は、組織を統べる「仕組み」を変えることができます。

そして、害はまったくありません。お金もかかりません（笑）。

だから、小さな組織において、風土を変え、強くしなやかな組織に変えていくのに、〝そうじ〟は最適な取り組みなのです。

既存事業が堅調であれば、〝そうじ〟によって組織の力を強くすれば、ますます事業は伸長していくことでしょう。

また、既存の事業の構造を大きく変えたり、新規の事業を立ち上げたりする場合にも、この〝そうじ〟が大いに役立ちます。〝そうじ〟とは、「本質を明らかにし、究めること」なので、現状の問題点がよくあぶり出され、新たな取り組みにチャレンジするにあたっての障壁を取り除くことができるからです。

「組織風土を変えるために何かをしなければいけない」、でも、「具体的に何をしたらよいのかわからない」と思い悩む中小企業の経営者のみなさん。どうぞ「百利あって一害なし」の〝そうじ〟に、ぜひ取り組んでみてください。

２０１９年８月

小早　祥一郎

〝そうじ〟をすると、なぜ会社がよくなるのか　目次

第3章　組織変革・活性化する〝そうじ〟のポイント〜組織編

第4章 “そうじ”の取り組みによって組織風土改革が実現した事例

第5章 組織変革・活性化のためのユニークな視点と仕掛け

第1章

なぜ“そうじ”は組織変革や活性化の契機になるのか

1　心と体はつながっている

心の中の状態は体の状態となって表に現れる

なぜ〝そうじ〟をすることが、組織変革や組織活性化につながるのでしょうか？

いろいろな説明をすることができますが、１つは「心と体はつながっている」ということです。

たとえば、心がウキウキ楽しいと自然と笑顔になりますね。逆に、心配事や不安、恐怖、怒りなどが心の中にあると、顔がこわばったり暗い表情になったりします。場合によっては背中が曲がったり、熱が出たり頭痛がしたり、ということもあります。このように、心の中のありようは、身体の状態になって反映されます。

一方で、無理にでも笑顔をつくると、不思議なことに心が楽になったり、元気が出たりします。野球などのスポーツで、よく指導者が「声を出せ！」と言いますが、声を出すことで体の中が活性化し、前向きな意識が生まれ、「もうダメだ…」と思っていたものが、「まだ頑張れる！」という気持ちに切り替わり、実際に体も動くようになるのです。

ガンや高血圧の患者さんたちに、落語や漫才を見せると、それだけで血圧が下がったり、免疫力が上がったりするという実験結果を、医療研究者が発表しています。「笑い」、という心の動きが、身体に影響する、ということです。

また、腰骨を立てて背筋を伸ばすことを「立腰（りつよう）」と言いますが、立腰することで、集中力が高まり、仕事の効率がよくなったり、学校の成績がよくなったりする一方、背中が曲がっていると、気力が萎え、ケアレスミスが多くなったりします。

つまり、心の中の状態は体の状態となって表に現れると同時に、身体の動きを変えることで、心の中の意識を変えることもできるのです。

意識を変えるために行動を変える

会社を変えるためには、組織を構成する人たちの意識を変える必要があります。

よく「意識を変えろ！」と言いますが、意識って、実際のところ、どうやったら変わるのでしょうか？　眉間にしわを寄せて「ウンウン」唸っていても、意識は変わりません（笑）。頭の中だけで意識を変えるのは、実はとても難しいのです。

だから、身体の動き、つまり行動を変えればいいのです。

デスクの上に書類が山積みになり、道具類があちこちに散乱している状況では、心が落ち着かず、仕事に集中できません。だから、デスクの上を整理・整頓し、部屋の中を片づけると、気持ちが整い、仕事に集中することができます。

机の上をキレイに拭き上げ、部屋の隅や奥のホコリも見逃さずに掃き清めるという「行動」をつうじて、納期に間に合わせ、ミスなく仕事をやり遂げるという〝きちんとした〟「意識」が芽生えてくるのです。

事務所や工場の床にゴミが落ちていたら、気づいた人がサッと拾う。こうした行動を繰り返すことで、「問題を見て見ぬふりをしない」「人のせいにせずに、自分でできることを行う」という健全な意識が育つのです。何も行動せずに、「人の役に立つことをしましょう」と100回念仏のように唱えても、そんなふうにはなりません（笑）。

2 人は環境に左右される

自分たちで環境をつくることが意識の改革につながる

人は、周囲の環境に適応して生きています。

会社の中に物が散乱し、どこに何があるかわからない状態。あちこちにホコリが溜まり、使う道具なのかゴミなのかがわからないような状態。こんな状態の中で、社員に〝規律正しい行動〟を求めても無理な話です。こうした環境は、無言のうちに、「遅刻しても構わないよ」「納期に間に合わなくても仕方がないよ」「安全のことなんか気を使うな」「自分で好き勝手にやっていいよ」というメッセージを発信しているようなものです。

逆に、必要最小限のものが、使いやすい場所に置かれ、どこに何があるのか一目瞭然。隅を見ても裏を見ても、塵1つホコリ1つないという状態は、「約束を守ろう」「人が見ていなくても手を抜かないようにしよう」「物を大事に使おう」「お互いに気を遣おう」というメッセージを発していると言えます。

そしてこのような環境を、他の誰かにしてもらうのではなく、自分たちで手を入れてつくってい

くことが、意識の改革につながっていくのです。

たとえば、汚くて臭いトイレを放置しておくと、心がすさみます。そういうトイレでは、利用者

は余計に小便を撒き散らかしたりして、どんどん汚れがひどくなります。そのような環境に慣れた

人は、会社の外でも、たとえば公園のトイレや取引先のトイレも汚すでしょう。

でも、トイレの裏も表もピカピカに磨いて清潔にすることが、心を変えます。トイレという世の

中で一番汚れる場所。しかもその場所は、誰もが使う場所。そのトイレを、自ら磨くことは、「目

の前の問題から目をそらさない」「人のせいにせずに、自分でできることを行う」「基本的なことを

おろそかにしない」という意識を育みます。

あるいは、車でもそうです。汚い車は事故が多いです。たぶん、車が汚いと、「どうせこんなポ

ンコツ！」と思って、運転が乱暴になるのではないでしょうか（笑）。車に載っている余計な荷物

を降ろし、キレイに洗車してあげれば、運転もおだやかになり、事故が減ります。

車を駐車するときに、駐車場のラインを無視して、斜めに停める人がいます。ついでにハンドル

が左右どちらかに切られたままで、前輪が曲がっていたりもします。こういう人も、事故が多いの

ですね。普段から、ラインに対して真っ直ぐに停め、タイヤも真っ直ぐにすることを習慣づけてお

けば、「規律を守る」「丁寧に行動する」ことが身についてきます。

実際、私のクライアントのバス会社では、運転士さんたちがバスの車内外を徹底してそうじするようになって、事故が激減しました。

3　時を守り、場を清め、礼を正す

再建の三大原理

昭和の教育哲学者である森信三先生のおっしゃった有名な言葉に、『再建の三大原理』というのがあります。荒れた学校や企業を建て直すには、まず次の3つのことをしなさい、というのです。

・時を守り
・場を清め
・礼を正す

「時を守り」というのは、文字どおり、時間を守るということです。もう少し拡げると、約束を守る、ということになるでしょう。

「場を清め」はそうじです。整理・整頓・清掃をして、場を整え、キレイな状態を保つ、ということです。

「礼を正す」は、挨拶、返事、身だしなみ、言葉遣い、などでしょう。

この３つ、まことに基本的で、当たり前のことです。私たちが子どもの頃、親や学校の先生からしつけられたはずのことです。こんな当たり前のことが、なぜ『再建の三大原理』なのでしょうか？

それは、こうした基本的なことがしっかりできている企業が、実は世の中には少ない、ということ。そして、こうした小さなことをおろそかにして、大きなことはできないからです。

基本をおろそかにして大きなことはできない

たとえばスポーツにしても、基本をおろそかにした選手が大成することはありません。学校の勉強でも、基礎ができていなくて応用問題が解けるわけがありません。

企業においても、こうした「時を守り、場を清め、礼を正す」という基本ができていなくては、いくら良い商品や斬新な販売方法があったとしても、長期間にわたって安定的な業績は残せないでしょう。

実際、私も、いろいろな企業を訪問・視察する機会がありますが、やはりこの３つの基本ができている会社は、安定的に業績がよいようです。逆もまた、しかりです。

これは聞いた話ですが、銀行員は、取引先企業の状態を把握するために、その企業を訪問すると、事務所内の書類が整理・整頓されているかをそれとなく確認したり、トイレが汚れていないかどうかを、さりげなくチェックしたりするのだそうです。

また、私の知り合いに、数多くの会社の再建を手がけてきたターンアラウンド・スペシャリストがいますが、その人いわく、「潰れる会社は、必ず汚い」とのこと。

会社の業績が傾いてきたから人心が荒れ、そうじをしたりすることに気が回らなくなって、結果として会社が汚くなるのか。あるいは、そうじをしないという風土が、会社の業績を悪くするのか。そのへんは、「ニワトリが先か、タマゴが先か」よくわかりません。でも、「潰れる会社は、必ず汚い」とは、重い言葉です。だから、たかがそうじ、されどそうじなのです。

4 〝そうじ〟は、社長も新入社員も一緒にできる

誰と一緒でもできる

〝そうじ〟を企業経営に導入することのもう1つのメリットは、「誰でもできる」ということと、「誰と一緒でもできる」ということです。

特に、経営者と社員が対等な立場で一緒に活動できる、というところが特長です。そうじは誰でもできます。新入社員でも、パートでもアルバイトでもできます。学歴や資格、特別なスキル、経験などは必要ありません。

そして、そうじにおいては、誰もが対等です。役職や肩書に左右されません。だって、社長だからすごいそうじができるってことは、ありませんよね？（笑）

いろいろな部署、職種の、さまざまな地位、立場の人たちが、一緒になってできる活動って、実はほとんどありません。そうじは、それができるのです。

たとえば、社長と新入社員が一緒になってそうじで汗を流すことで、そこに会話が生まれます。お互いの性格や考え方、抱えている問題などを理解することができます。互いの距離が縮まり、互いの信頼関係が生まれるのです。

実際、私のクライアント企業において、50歳代の社長と、新入社員の女性（当時20歳くらい）とが一緒になって機械を清掃する場面がありました。社長は、「最近の若い娘の言葉は、まるで宇宙語のようで理解できない」と言っていたものです。それだけ、ジェネレーションギャップがあるということですね（笑）。

でも、その2人が一緒に全身泥だらけになりながら機械を清掃することで、間違いなくお互いの距離が縮まったはずです。たとえ言葉が通じなくても（笑）、お互いの信頼感は高まったことでしょう。その社長はある日、私に、「最近、社員が僕に対して雑談をするようになってくれました」と嬉しそうに報告してくれました。社長と社員が一緒になって汗を流すことで、お互いの距離が縮まり、雑談ができる間柄になったということです。

そうじは持続性と実務メリットがある

もちろん、そうじでなくても、経営者と社員が対等な立場で一緒に汗を流すことはできます。たとえば、社内の運動会や社員旅行などです。こうした催しに、コミュニケーションの促進や相互理解に一定の効果があることは否定しません。

ただ難点は、「その効果が持続しない」、ということと、「実務上のメリットがほとんどない」、ということです。

それに比べるとそうじは、日々の中で取り組むことなので、持続性があります。また、そうじをすることで、効率がよくなったり事故やケガが減ったりといった、実務上のメリットもたくさんあるのです。

5 〝そうじ〟は、小さな「役立ち」

周りの役に立つ行為

〝そうじ〟が企業の組織変革や活性化につながる理由を、もう少し別の視点から説明します。

そうじは小さな「役立ち」、だということです。

たとえば、道を歩いていて、足下にゴミが落ちていたとします。気づいた人が、サッとそれを拾ったとします。すると、そこにゴミが放置されているという、1つの「問題」が解決するのです。そして、周囲の人は、ゴミを拾い上げた人に「ありがとう！」と感謝することでしょう。

このように、そうじというのは、小さなことではあっても、周りの役に立つ行為なのです。

書籍がグチャグチャに乱れている本棚を、誰かがそっと整えてあげる。汚れているテーブルを、気づいた人がサッと拭いてキレイにしてあげる。駐車場に雑草が伸びていたら、有志が鎌を持って刈り取ってくれる。そんな行為が日常当たり前に行われていれば、その組織内には、「ありがとう」という感謝の声が飛び交うはずです。

逆のことをイメージしてもらうと、よくわかります。

足下にゴミが落ちていても、誰も拾わない。本棚が乱れていても、誰も整えようとしない。テーブルが汚れていても、誰も拭こうとしない。雑草が伸び放題になっていても、誰も手をつけようとしない。

こうした組織の中にいる人たちの気持ちは、おそらく、「それは自分の仕事じゃない」「汚した人間が悪いのだ」「誰かがやってくれるだろう」ということなのでしょう。あまり、中にいて気持ちのよい組織ではありませんね（笑）。

以前、ある会社の事務所を訪ねたときに、シュレッダー屑がシュレッダー機の周囲に散乱していました。しばらく様子を見ていたのですが、屑が溜まるビニール袋がすでにパンパンに膨らんでいるのに、誰もビニール袋を交換しようとせず、屑をぎゅうぎゅうに詰め込むだけ。そしてまたシュレッダーを稼働させるので、どんどん屑が溜まり、周囲に屑が飛び散っていくのです。

きっと、このような「他人任せ」「責任意識の欠如」「無関心」という意識は、実務上でもそのままの形で表れてくることでしょう。

よく社是や企業理念などに、「互いに尊重し合いましょう」とか「互いに感謝し合いましょう」というような文言を見かけます。しかし、いくら言葉で説いたところで、人の心には響きません。

しかし、前述したように、足下のゴミを拾ったり、テーブルを拭いたり、本棚を整えたり、雑草を取ったりする「小さな役立ち行為」を積み重ねることで、実際に、こうしたマインドが育まれていくのです。

6 モノを媒介にすることで、コトにアプローチできる

モノの整理整頓をきっかけにして、情報共有や分担を進める

さらに、視点を変えてみます。

〝そうじ〟は、直接的にはモノに対してアプローチする取り組みですが、実は「モノを媒介にすることで、コトにアプローチできる」ということがあります。

たとえば、誰かのデスクの上に書類が山積みされているとします。なぜそんなに書類が溜まってしまうのだろう、と考えると、その人に業務が集中し過ぎている、というようなことがわかってきます。すると解決策としては、業務を同僚で分担して平準化しよう、ということになります。モノを媒介するアプローチとは、こういうことです。

ところが、いきなりコトにアプローチしようとすると、「○○さんは仕事が遅いから書類が溜ま

るんだ」というような精神論になり、ケンカになってしまいます（笑）。

あるいは、私のクライアントの会社で、こんなことがありました。

事務所内の整理、整頓を進める中で、ある社員さんの机の中から、領収証や契約書、そして現金などが出てきたのです。領収証は、お客様にお渡ししなければいけないもの。契約書は、しかるべき場所にファイルして置くべきもの。そして、現金は、経理上、きちんと精算をしなければいけないものです。

この社員さんは、こうしたことの管理が苦手で、これまでもよく大事な物をなくしたり、忘れ物をしたりしていました。そこで、これを機会に、こうした契約書や領収証、現金などを、どのような手順で処理していくのかを、あらためて確認し、上司や管理部門などのフォロー体制も構築しました。

これがもし、「○○さんは精神がたるんでいる。もっとしっかりしてもらわないと困る」という話になると、実際にはちっとも改善しないでしょうし、こういうことを言う方も言われる方も、精神的に疲れてしまいます。

あるいは、別の会社の事例ですが、この会社では、毎日、夕方に、全員で10分間そうじを行うことになりました。ところが、この活動がうまく進みません。建築会社なので、日中はそれぞれが現場に出ていて、夕方に戻ってからそうじをするのですが、夕方になっても、人が集まらないのです。

この会社ではそもそも、その日に誰がどこにいて何をしているのかさえ、社員同士で確認する手立てがありませんでした。これでは、連絡や意思疎通がうまくいくはずがありません。そこで、それぞれが今日、どこで何をしているのかを、LINEを使って共有することにしました。そして、ミーティングやイベントの日程や内容も、事前に共有するようにしました。

その結果、そうじがうまく行くようになったのはもちろんのこと、社内の情報共有が進み、無駄や重複、ミスや遅れなどがなくなり、互いに協力し合う体制ができてきたのです。

モノを媒介することで、嫌味なく、コトにアプローチできるのです。

7 〝そうじ〟は企業の基礎体力づくり

枝葉ではなく、まず根と幹を育てる

ここまでの話を総合すると、「〝そうじ〟は企業の基礎体力づくり」という言い方ができるかも知れません。

スポーツの世界を思い浮かべてみてください。どんなに一流の選手でも、基礎体力づくりは怠らないはずです。たとえばサッカーで、非凡なセンスを持つ選手がいたとしましょう。その選手は、パスワークやシュートで、他の選手にはない、優れたカンとテクニックを誇っていたとします。ところがもし、その選手が、基礎体力づくりを軽視し、ランニングなどを怠っているとしたら、長い目で見て、一流の活躍は期待できないでしょう。

企業もまったく同じです。

よい商品やサービス、ユニークな販売方法は、確かに大切です。ビジネスである以上、商品やサービスなどが最終的に金を生むことは間違いありません。

しかし、いくらよい商品やよいサービスがあっても、もし、「約束を守らない」「ミスが多い」「連絡をしても返信がない」「大事な書類をなくす」「事務所や工場が汚く散らかっている」「社内で情報が共有されていない」「社内がギスギスしている」というような状態だったとしたら、その会社が永続して発展していくことは難しいでしょう。

会社をよくしようとするときに、どうしても、派手でユニークな商品や販売方法に目が行ってしまいがちです。しかし、それらは言ってみれば「枝葉」であり、その枝葉を支える「根」や「幹」が脆弱であれば、いずれ枝葉も枯れていくことでしょう。

ユニークな商品や販売方法は、一時的には、ブームに乗って、業績を上げることができるかもしれません。しかし、長い目で見たときには、「基礎体力」がない企業は衰退していくことでしょう。

この「基礎体力」をつくるのが、〝そうじ〟です。

〝そうじ〟は、約束を守る風土をつくります。

〝そうじ〟は、「誰かがわかる」ではなく「誰でもわかる環境」をつくります。

〝そうじ〟は、お互いを理解、尊重し合う風土をつくります。

〝そうじ〟は、問題の本質をあぶり出し、解決していく力を養います。

スポーツにおけるランニングと同じように、企業における基礎体力づくりも、今日やって明日すぐに効果が現れる、というものではないかも知れません。しかし、続けていけば、必ず効果は出ますし、その効果は長年にわたって持続するのです。

そうじは「人間力」を向上させる

別の見方をすれば、そうじは「人間力の向上」に寄与する、と言えるでしょう。

積極性、自発性、素直さ、明るさ、勤勉さ、約束を守る意識、責任感、やさしさ、思いやり、忍耐力、継続する力、創意工夫する力、本質を見抜く力、問題を発見する力。

こうしたものが、「人間力」です。

商品もサービスも、人間が生み出すものです。

すぐれた商品やすぐれたサービスによって、企業業績を上げたいと思うのならば、まずはそれを生み出す「人間」の力を高めなければなりません。

ＡＩ時代などと言われますが、このことは、どんなにＡＩが発達しても、変わらないでしょう。当然ながら、この人間力は、一朝一夕には向上しませんが、一度向上すれば、その効果は半永久的であるといってもよいでしょう。

ですから、会社をよくしたい、と思ったら、まずは〝そうじ〟に取り組むのが成功への近道だというわけです。

第2章

組織変革・活性化する“そうじ”のポイント～技術編

1　整理↓整頓↓清掃の順序

整理、整頓、清掃それぞれの意味

本章では、組織において〝そうじ〟を進める際の、技術的なポイントをご説明します。

まず、「整理」↓「整頓」↓「清掃」の順序が大切、ということです。

「整理」とは何でしょうか？

一般的には、

「要るものと要らないものを明確に分けて、要らないものを徹底的に処分すること」

と説明されているようです。

私は、もう少し簡略化して、

「整理＝捨てる、減らす」

と定義しています。

では、「整頓」とは何でしょうか？

一般的には、

「要るものを必要なときに必要なだけ使いやすいようにきちんと置き、誰でもわかるように明示すること」

とされています。ちょっと長いので、私は、

「整頓＝置き場を決め、明記する」

と定義しています。

「清掃」は、一般的には、

「身の回りのものをきれいにして、いつでも使えるようにすること」

と言われているようですが、ちょっと抽象的でわかりにくいですね。

なので私は、単純明快に、

「清掃＝掃く、拭く、磨く」

と説明しています。

まず「整理＝捨てる、減らす」

そして、何よりも大切なのは、「整理」→「整頓」→「清掃」の順序です（図表1）。

そうじを始めるときに、最初にすることは、整理、つまり不要な物を捨てることなのです。

想像してみてください。今、部屋に多数のモノが積み重なって溢れているとします。この状態で、モノを減らすことなく、部屋をキレイにすることは可能でしょうか？　不可能です。

不要なモノを捨てることで、スペースが拡がります。スペースが拡がれば、実は多くのことが解決していきます。不要なモノがなくなると、必要なモノの状態がわかり、有効活用ができるように

〔図表１　そうじの順序〕

そうじの順序

整理
（捨てる、減らす）
↓
整頓
（置き場を決め、明記する）
↓
清掃
（掃く、拭く、磨く）

なります。

また、整理が不十分なまま整頓を行うと、次のようなとんちんかんなことが起こります。

工場の壁面に、キレイに並べられた道具類。一見すると、とてもカッコイイですね。ところが、「これは何に使う道具ですか?」と聞くと、「いえ、その道具は最近は使いません」という答えが現場から返ってくる。「えっ? じゃあ、なぜここにこの道具を並べているのですか?」と聞くと、「上司から『道具はきちんと整頓しなさい』と言われているので…」という答え。

吉本新喜劇ならば、「ドアホッ!」とツッコミが入りそうです(笑)。

使わないものを、いくらカッコよく並べたところで、何の意味もありません。

あるいは、整理が不十分なまま清掃を行うと、次のような滑稽なことが起こるかもしれません。

ある社員が、何かの機械を一生懸命に磨いています。その機械は、今や眩しいくらいに光り輝いています。そこで、「この機械は何の機械ですか?」と聞くと、その社員は、「何でしょうかね? 倉庫の奥に5年以上も眠ってホコリをかぶっていた機械なので…」とのお答え。

「バシッ」というハリセンの音が聞こえてきそうです(笑)。

使わないものを、いくらピカピカに磨いても、意味がないですよね。

こんなバカげたことはないのですが、実は世の中では、こうしたことが意外に多く行われています。一般的に、そうじをしようというと、すぐにホウキや雑巾を持ちたくなります。でも、その前にすべきことがある。それが「捨てる」ことです。

だから、「まずは整理」というのは、とても大切なポイントなのです。

2 整理のコツ

「使えるか、使えないか」ではなく「使うか、使わないか」

ところが、この整理、苦手な人が多いのです。

元来、日本人は、「もったいない」精神が旺盛です。モノを捨てられないのです。確かに、何でもかんでも勝手に捨てていいわけではありません。そこには何らかの判断基準が必要なのですが、よくやってしまうのが、

「使えるか、使えないか」

で判断してしまうことです。

そうではなく、

「使うか、使わないか」

を判断基準にすることが大切です。

つまり、機能的に使えても、実務的に使わないものは捨てましょう、ということです。

わかりやすいたとえ話をします。

今ここに、一台のタイプライターがあったとします。古いものですが、元気に動いています。し

かし、実務上、タイプライターは使いません。現代はパソコンですよね。ならば、このタイプライターは捨てましょう。博物館に寄贈でもするならば、話は別ですが・・・（笑）。

「そんな、まだ動くのに、もったいない！」という人がいるかもしれません。

確かにもったいないですが、もっともったいないものがあります。

それは、スペースです。

私たちは、狭い日本の国土の中にいます。誰しも、潤沢なスペースがあるわけではありません。使いもしない機械がドンと居座り、貴重なスペースを占有してしまうことほどもったいないことはありません。

それに、いくら機能的に使えたとしても、使わないのであれば、「もったいない」ことに変わりはありません。だって、そのモノを活かしていないのですから。使いもしないモノを取っておくのは、言ってみれば「生殺し」状態です。モノがかわいそうです。そんな殺生なことをするくらいならば、思い切って捨てて、成仏させてあげるべきです（笑）。

新品でも捨てる

私のあるクライアント企業では、〝そうじ〟の活動のスタート時に、大量のモノを捨てました。

その会社は設備工事の会社なのですが、当初、倉庫には、たくさんの設備機器がストックされていました。中には、封を開けていない新品もありました（図表2）。

〔図表２　設備機器が積み上げられた倉庫〕

〔図表３　機能的に使えても、実態として使わない物はすべて処分した〕

ところが、その設備機器の１つひとつを確認してみると、すでに型が古くなってしまって、お客様には提供しづらいものだったり、発注ミスで余ってしまったものの、特定の現場に合わせた仕様のために汎用性がなく、他の現場には転用できないものだったりしたのです。

そこで、これらのストックの中で、「機能的には使えても、実務上使うあてのないもの」は、すべて処分しました（図表３）。社長さんに後から伺ったところでは、金額的には、おそらく３００～５００万円くらい、捨てたのではないか、とおっしゃっていました。

金額を聞くと、とてももったいないように感じるかもしれませんが、捨てたおかげでスペースができ、モノがよく見え、いろいろなことが解決していきました。

そして、このように、モノを捨てて減量化すると、あまり収納（整頓）のことに気を遣わなくても、問題はなくなってくるものです。

迷ったときは「過去12か月以内に使ったかどうか」

ところが、「使うか、使わないか」と考えても難しいのは、「将来のことはわからない」ということです。

ある機械があったとして、ここ数年は使ってないとします。しかし、「ひょっとしたら、この先に、使うことがあるかもしれない」という不安はぬぐえません。将来のことは誰にもわからないのですから、何らかの割り切りがないと、何も捨てることはできなくなってしまいます。

こんなときに、よりどころにしてほしいのは、

「過去12か月以内に使ったかどうか」です。

私たちのビジネスは、通常、12か月単位で動いています。季節変動がありますが、過去12か月ならば、季節変動も含むことができます。

この変化の激しい現代において、過去12か月に使わなかったものは、まず今後も使いません。商品だってそうです。12か月以上動いていない商品在庫が、今後、売れることは、まずないでしょう。まれに、業界の特殊事情として、数年に一度の単位で動くものがあったりします。そのように、明確に把握できているものは、もちろん、残しておいて構わないのです。

徹底的に整理するまで、整頓に移らない

このように、整理と一口に言っても、とても奥が深いものなのです。

それだけに、整理を徹底することは、とても大切です。

整理が中途半端なまま、整頓に移行すると、失敗します。

だって、使わないものを揃えたり並べたり表示したりしても、意味がないですよね。

スペースも食うので、収納が足りなくなったりします。

私がお手伝いする場合には、たいていどの会社でも、最初の1年間は、ほとんどこの整理、つまり捨てることにあてます。それでもまだ不十分で、2年間くらいかけることもあります。

それだけ、整理は〝そうじ〟の中でもキーとなる活動だということです。

先を急がず、じっくりと整理に取り組むことが、結局は成功への近道なのです。

3　いったん全部出す

整理のコツ

整理におけるもう1つのコツは、「いったん全部出す」ことです。

整理とは、「要るものと要らないものを分けて、要らないものを捨てること」です。

私はお手伝いする先の企業で、「では、不要なものを捨ててください」と投げかけるのですが、ときどき、「ここは必要なものばかりなので、大丈夫」という声を聞くことがあります。

たとえば、社長さんが、ある引き出しを指して、「この引き出しの中身は、みんな必要な書類ばかりなので、中身を検分する必要はない」とおっしゃるわけです。

そんなときでも、私は素通りせず、「ちょっと待った！」と、手を挙げます（笑）。

「とにかく、中身をいったん全部出してみましょう。結果として、必要なものばかりだったとしても、構いません」と、アドバイスするのです。

そうして、その引き出しをひっくり返して、中身をみんな拡げてもらいます。

すると、「あれ、これは何？」「これはもう使っていないね」「なぜこれがこんな所にあるのだろう？

これがあるべき場所は、ここではないね」「これはゴミだ」というようなものが、たくさん出てくるのです。結果として、中身の多くのものを捨てられることがあります。

書類のファイルにしても、「このファイルは、必要なもの」という場合でも、ファイリングされている一枚一枚の書類をきちんと吟味してみると、不要な書類がたくさん出てくるものです。キレイにファイルされているからと言って、だまされてはいけません。

全部出すと、現実が見える

人間は誰しも、先入観や固定観念に縛られています。「ここは大丈夫」というのが、それです。でも、それは現実を見ていません。現実からかけ離れた誤った認識が、誤解を生み、さまざまな問題を引き起こします。

「いったん全部出す」ことは、いかに私たちの先入観や固定観念が誤っているか、いかに私たちが現実を把握していないか、ということを思い起こさせてくれる、よい訓練になります。

あるいは、私たちは、しっかりとよく見れば問題が見えるはずなのに、あえて見ようとせず、フタをしてしまうことがあります。言ってみれば、現実逃避ですね。「この引き出しは大丈夫」というのも、多分に現実逃避の姿勢です。しかしそれは、問題の先送りにすぎません。

「いったん全部出す」ことは、「現実から逃げない」というマインドを育む、よい訓練でもあります。現実直視の訓練です。

4　机上ゼロの効用

書類の7～8割は捨てられる

デスクの上に書類が山積みされている場合、まずすべきことは、書類を捨てることです。

よく「書類をしまう場所がないと、机の上を片づけられません」という話を聞くのですが、「しまう」というのは、実は整理でも整頓でもありません。私は個人的に、「しまう」ことを「平行移動」と呼んでいます（笑）。デスクの上にあったものを、どこかにしまうだけでは、ほとんど意味はありません。

ときどき、デスクの上はキレイになったけど、足下を見てみると、書類が山積みになっていることがあります。デスクの上の物を足下に「平行移動」したのですね（笑）。吉本新喜劇です。

私の経験上、デスクに山積みされている書類の、７～８割は、捨てられます。すでに終わってしまった会議やセミナーの案内、型の古くなったカタログ、業者からもらったパンフレットなどなど。それほど、私たちは要らない書類を溜め込むクセがあるということです。

「念のために」と取っておいた書類も、大半は要らないものです。

７～８割の書類が捨てられれば、必要な書類を収納する場所は、特段に苦労しなくても、確保できるはずです。

机上ゼロを徹底すると感度が上がる

デスクの整理に関して、私は、「机上ゼロを目指しましょう」と呼びかけます。「机上ゼロ」というのは、文字通り、デスクの上に何もない状態のことです。とはいえ、パソコンや電話は、なかば固定されているので、なくすことは難しいでしょう。パソコンや電話以外、何も載っていない状態が、机上ゼロです。

机上ゼロにすると、どんなメリットがあるのか。まず、デスクの上を広く使うことができます。余計なものがゴチャゴチャ載っていると、せっかくの広い面積のデスクが、狭くなってしまい、作業性が悪くなります（図表4）。

もう1つのメリットは、「気づきの感度が高くなる」ということです。たとえば、モノがゴチャゴチャ溢れているデスクの上に、誰かがメモを置いたとします。おそらく、他のモノにまぎれて、メモは目立たないでしょう。最悪の場合には、見落としたりなくしたりしてしまいます。

しかし、机上ゼロにしていると、そのメモはすごく目立ちます。すぐに気づきます。だから、すぐにアクションが取れるのです。このように、クリアな空間は「異常感知能力」を高める効果があるのです（図表5）。

だから、机上ゼロは中途半端ではいけません。

ときどき、クライアントの現場で、「ペン立ては例外でいいですか？」「セロテープはよく使うので置いてもいいですか？」「スタンプ台はどうでしょうか？」というような質問を受けることがあ

〔図表4　モノがごちゃごちゃ載ったデスク〕

〔図表5　机上ゼロのデスク〕

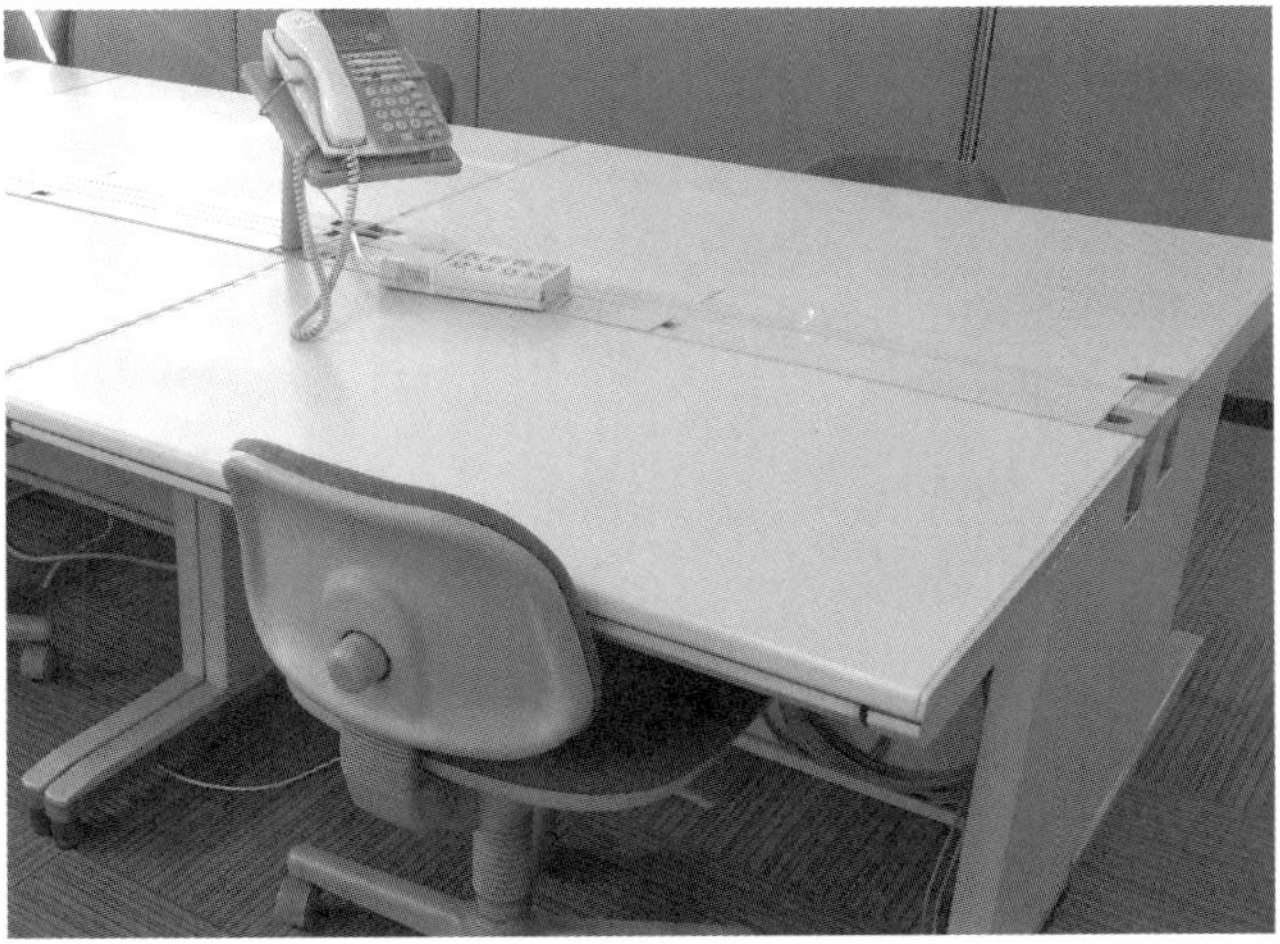

ります。でも、こうしたことで例外をつくっていくと、際限がなくなってしまいます。そして、気づいたときには、デスクの上がゴチャゴチャ、ということになりかねません。

なので、よほど頻繁に使うもの以外は、いっさいなくしましょう、とアドバイスしています。よほどの頻度、というのは、たとえば、10分に1回使う、というようなものです。

デスクマットはやめよう

また、デスクマットを敷いていることがありますが、あまりおすすめしません。デスクマットそのものがゴチャゴチャ感を醸し出す原因になります。デスクマットの下に、書類を挟む人がいますが、やめましょう。ひどい場合には、挟んだ書類が溜まり、デスクマットが盛り上がって、字が書きづらくなってしまいます（笑）。どうしてもデスクマットを使用したい場合には、透明で厚手のデスクマットを、デスク全面を覆うサイズで使用するとよいと思います。これならば、クリアな状態を保つことができます。

ときどき、ひねくれた人が、「机上ゼロなんかにしたら、仕事ができない」というようなことを言います。机上ゼロといっても、もちろん、その場に必要なものは、出して仕事をするわけです。大切なのは、その仕事が終わったら、いったんすべての物を定位置に戻して、クリアな状態に戻す、ということです。常に、その瞬間に必要なものだけ、手元に出すのです。その場で使わないものがデスクに載っていると、それだけで、気が散ります。

机上ゼロを実践している人たちからは、「物がなくならなくなった」「物を探す時間が減り、残業時間が減った」「目の前の業務に集中できるようになった」という報告をいただいています。

5　掲示物は少なく

掲示物が多いと見ない

整理というテーマで、掲示物についても見直してみるとよいでしょう。

多くの会社で、実にさまざまなものが壁に掲示されています。社訓、年度方針にはじまり、カレンダー、シフト表、営業目標や実績グラフ、セミナーの案内、取引業者からのお知らせ、果ては、お弁当屋や宅配ピザのメニューまで…（笑）。中には、受け取ったＦＡＸや納品書などを、とりあえずマグネットで貼りつけている人もいます。

掲示する理由は、たいてい、「しっかりと見てもらいたいから」「誰もがよく見えるように」「忘れないように」ということだと思います。しかし、現実としては、残念ながら、掲示物はほとんど見られていません。

見られない理由の1つは、掲示物が「多すぎる」こと。

物の数が増えれば増えるほど、1つひとつの持つ価値は、相対的に下がってしまいます。掲示物が多すぎると、1つひとつをしっかり見るのが面倒になり、結果として、すべて見ないようになっ

〔図表6　壁一面の掲示物〕

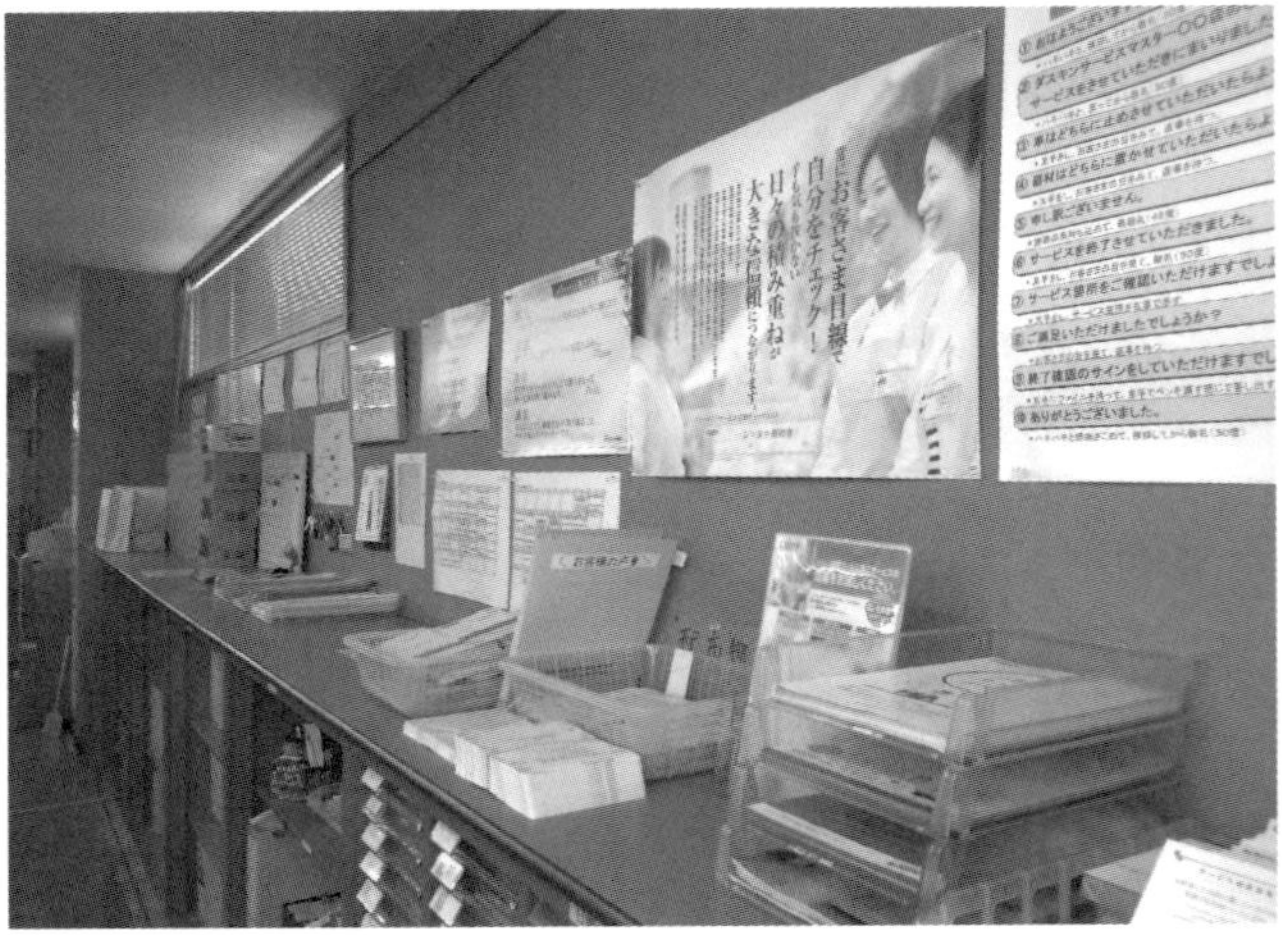

〔図表7　すべての掲示物を取り払った〕

てしまいます。そこには、「どうせ大した情報は掲示されていない」という諦観があります。

ですから、掲示物はできる限り少ないほうがいいです。できれば、ゼロにしたい。そうすれば、いざ、どうしても全員に周知したい情報があったときに、思い切ってそれを掲示すれば、それは目立ちます。普段そこにないはずのものがあるので、とても新鮮で目立つのです。

あるクライアントで、あまりにも掲示物が多く、なかなか削減できなかったので、あるとき、「ものは試しで、一度、すべての掲示物を取り払ってみませんか?」と提案してみました。「これは重要だから残しておこう」などと例外をつくると、あれもこれもとなり、結局、中途半端になってしまうのです（図表6、7）。

実際にすべての掲示物をなくしてみて、数か月が経ったときに、何か不都合なことがあったか検証してみましたが、何の不都合もない、という結論になりました。社長さんはショックを受けていましたね（笑）。今まで、よかれと思っていろいろなものを掲示していたのですから。

掲示物は重ねない

掲示物でもう1つ気をつけてほしいのは、「重ねない」ということです。

実に多くの掲示物が重ねられています。重ねてしまったら、下にあるものは隠れてしまって見えません。その時点で、すでに情報としては死んでいます。

「いや、めくって見るんですよ」という人がいますが、めくるくらいなら、最初から重ねないように掲示すべきです。めくる手間暇だけ、作業効率が落ちます。

そもそも、めくって見るような情報は、掲示ではなく、ファイリングして見るようにしたほうがいいでしょう。

掲示しただけで安心してしまう

それから、心構えやスローガンを掲示することが多いですが、私はむしろ、やめたほうがいいと思っています。

掲示物のよくないところは、「掲示しただけで安心してしまう」ことです。

しかし、残念ながら、人間は掲示物を見ただけで、その掲示してある内容になることはありません。まして、実際にはほとんど見ていないのですから、なおさらです（笑）。

顕著な例は、「整理・整頓」の看板です。

いろいろな会社の工場や倉庫、事務所に、「整理・整頓」と大書きされた看板が掲げられていますが、そういうところに限って、整理、整頓されているのを見たためしがありません（笑）。

掲示すると、掲示した人間（主に経営者や管理職）は、「掲示したから、伝わるだろう、徹底されるだろう」と思って、それ以上のアクションをしようとしないのです。しかし、情報を確実に伝えようとするならば、やはり面前で口頭で伝えるのが一番です。しかも、1回だけでなく、何回も繰り返すことが必要です。そうした、コミュニケーションに必要な努力を怠らせる作用があるので、心構えやスローガンはあまり掲示しないことをおすすめするのです。

実際、掲示物を減らすと、会話が増え、コミュニケーションが促進するのです。

6　整頓のコツ

なぜ整理の次は整頓か

整理ができたら、次は整頓です。

整頓とは、「置き場を決め、明記する」ことだと言いました。

なぜ整理の次は清掃ではなく、整頓なのでしょうか？

その理由は、整頓をしないと、リバウンドが起きてしまうからです。

よく、「数か月前に整理をしたんだけど、また乱れてきてしまった」とか、「半年前にずいぶんと物を捨てたはずなのに、また物が増えてしまった」というような話を聞きます。

それは、整理した後に整頓をしないからです。

整頓、つまり「置場を決め、明記する」ということを、こと細かくやっていくと、場が乱れにくくなります。どこに何をどれくらい置くか、ということが明確になるので、それ以外のところに物を置きにくくなります。何がどれくらい必要か、ということがわかるので、いたずらに物を増やすことをしなくなります。

だから、せっかく整理をきちんとしたならば、その後の乱れを防ぐために、整頓を行うのが得策なのです。清掃は、いつでもできるので、整理と整頓がしっかりできてからで、遅くはありません。

整頓の具体的アクション

もう少し、具体的アクションとして整頓のコツを表現するならば、次のようになります。

・定位置、定量、定方向、表示、標識。
・直線、直角、水平、垂直、等間隔。
・物の上に物を置かない、物の前に物を置かない。
・書類は横積みにせず立てる。
・よく使うものほど手前に。
・床に直置きしない。

定位置、定量、定方向、表示、標識

まず「定位置」とは、「ここにこれを置く」と決めることです。

「定量」とは、数量をいくつ置くのか、決めることです。よく、ペン立てに何本ものボールペンが立てられていたりしますが、使うのが1本ならば、「1本」と決めるのです。ホワイトボードマーカーなども、無造作に黒マーカーが3本くらい置いていたりしますが、3本置いてあると、3本と

〔図表８　表示と標識をほどこしたホワイトボードマーカー〕

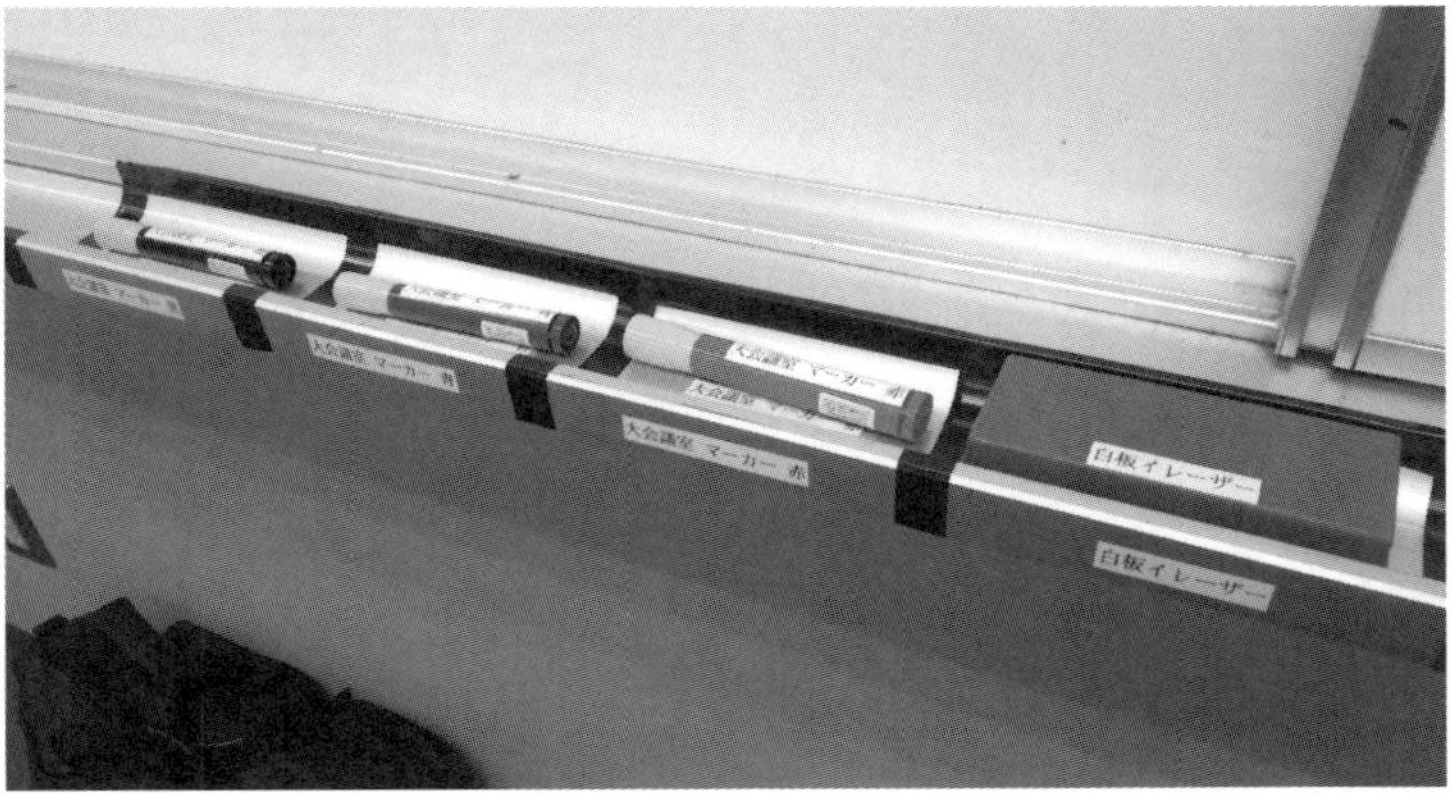

も同時にインクがかすれてきたりします。だから、１本ずつ置いたほうがいいです。常に、一定のストックがないと困るようなものは、「最低○○本、最高△△本」というような基準を明記するといいです。

「定方向」とは、向きを揃えましょう、ということです。

これらを決めたら、それがわかるように明記する必要があります。それが「表示」と「標識」です。「表示」は、物にします。「標識」は、置場にほどこします。

たとえば、ホワイトボードマーカーに「会議室マーカー黒」と書くのが表示です。ホワイトボードの受け皿に、それを置く場所として、「マーカー黒」と書くのが標識です（図表８）。「表示」と「標識」はワンセットです。もし黒のマーカーが２本あるような場合は、表示も標識もそれぞれ「マーカー黒①」「マーカー黒②」とします。こうすると、それぞれを混同することなく使えます。

この「定位置、定量、定方向、表示、標識」が整頓の基本です。そして、よりよくするためのコツが、次のものになります。

直線、直角、水平、垂直、等間隔

「直線、直角、水平、垂直、等間隔」とは、要するに、せっかくやるならば、美しくやりましょう、ということです。

よく会議室の机が、波打って並べられていることがありますが、一直線に揃えると、それだけで場がビシッと締まります。壁の掲示物が、右肩上がりだったり右肩下がりだったりして傾いていることがあります。

私はよく、「掲示物が傾いていると、会社も傾きますよ」と冗談を言うのですが（笑）、せっかく掲示するならば、ビシッと水平に掲示したいものです。

物の上に物を置かない、物の前に物を置かない

「物の上に物を置かない、物の前に物を置かない」というのは当たり前のようなことです。物の上に物を置いたら、下に置いた物が取り出せず、死んでしまいます。物の前に物を置いたら、奥に何があるかわかりません。

でも、多くの会社の事務所で、本棚を見てみると、本が二列に並べられています。本の前に、違う本が置かれているわけです。この状態では、奥の本を活用することは、まずないでしょう。

書類は横積みにせず立てる

その延長線上で、「書類は横積みにせず立てる」があります。よく、プラスチックトレイに書類を入れたりしますが、下に入った書類は見ることも取り出すこともできないので、死んでしまいます。私はトレイを使うことはおすすめしません。

その代わり、書類は立てておくことをおすすめしています。立てれば、右からでも左からでもアクセス可能なので、書類が死なずにすみます。

よく使うものほど手前に

「よく使うものほど手前に」というのも、当たり前のことです。しょっちゅう使うものが高い位置や低い位置、奥などにあったら、取り出すのに面倒で仕方がありません。

床に直置きしない

最後の、「床に直置きしない」というのは、特に製品や商品などに言えることです。在庫が多くなって棚などに置き切れない場合、どうしても床に直置きしてしまいます。でも。床に直置きすると、汚れますし、扱いが乱暴になります。だから、せめてパレットなどをかませましょう。

一番のおすすめは、キャスター付の台車に載せることです。こうすると、移動ができるので、出し入れが楽ですし、掃きそうじも楽にできます。

7 定量化で在庫管理を

誰でもわかる

整頓で威力を発揮するのは、事務用品や備品の在庫管理です。特に、定量化することで、重複や機会損失を防ぐことができます。

たとえば、これはある会社の事例ですが、封筒やクリアファイルなどを定量化しています（図表9）。残り10枚になったら、このように発注を呼びかけるシートが出てきます。ここで発注しておけば、いざというときに、まったく在庫がない、という事態を防ぐことができます。常に一定量がストックしてあるのです。

さらにこの会社では、品番や発注先も明記してあるので、事務担当でなくとも、誰でも発注ができるようになっています。

加えて、それぞれの単価も「一枚〇〇円」と明記されています。値段を意識することで、1つひとつの物を大切に使うマインドを育てるのが目的です（図表10）。

〔図表９　定量化され発注先も明記されたクリアフォルダ〕

〔図表10　単価も明記されたビス類〕

このように、整頓を徹底することで、「わかる人だけがわかる」ではなく「誰でもわかる」仕組みをつくることができます。

また、「自分には責任はない」「誰かがやってくれるだろう」ではなく、誰もが主体的に動けるように仕向ける仕組みをつくることもできるのです。

8 キャビネの扉を取り外す

扉を閉めてあると、どこに何があるかわからない

整頓のコツの項には書かなかったのですが、「オープンにする」というのも、大事な視点です。

たとえば、キャビネ（整頓棚）の扉についてです。

ある会社では、当初、写真のようにキャビネに扉がついていました（図表11）。扉がついていると、一見、キレイに見えます。しかし、扉を開けてみると、中身はグチャグチャということがよくあります。外から見えないために、油断してしまうのですね。また、何でもかんでも詰め込んで、扉を閉めてしまえば外から見えないため、安心してしまう、という面もあります。

そこで、そうしたことを改善するために、思い切って扉を取り外してしまいました（図表12）。

取り外した当初は、中身はグチャグチャでした。しかし、外から丸見えです。見られると、とても恥ずかしいわけです。ですから、見られてもいいように、整理と整頓を何回か繰り返していきま

〔図表12　扉を取り払ったキャビネ〕

〔図表11　扉がついたキャビネ〕

した。結果、今では、素晴らしく整った状態になっています。

こうして整うと、逆に、人に見せたくなります。よく、ボディビルダーの人が、意味もなく上着を脱いで裸になったりしますよね（笑）。それと同じです。中身に自信があると、それを自慢したくなるのです。

ただし、扉を取り外すというのは、けっこうな荒療治です。だから、抵抗もあります。この会社では、一番抵抗していたのが、社長さんでした。面白かったのは、扉を取り外して数か月たったころ、私が同社を訪問したところ、取り外したはずの扉がなぜかついているのです。

私「あれ？　扉、取り外しましたよね？」

社長「すみません。ちょっと恥ずかしくなって…」（笑）

こんなリバウンドもありましたが、その後また扉を取り外し、完全に処分しましたので、今ではすっかり定着しています。

それ以外にも、扉がついていることのデメリットがあります。

まず、扉が閉めてあると、どこに何があるのかがわかりません。

また、取り出すときに、「扉を開けて」、物を取り出し、「扉を閉める」という余計なアクションが入ります。

扉があると、いってみれば「わかる人にしかわからない」という世界になりがちです。でも、扉を取り外してオープンにすると、「誰でもわかる」世界になります。

9 車輛を揃える

車の先端か後端で揃える

車を駐車場に停めるとき、どのように停めていますか？

ときどき、駐車場のラインを無視して、大きく斜めに停め、ハンドルも左右どちらかに切った状態（タイヤが左右どちらかに向いた状態）にしている人を見かけます。

こういう人は、事故が多いようです。

そうではなく、ラインに平行に、左右の間隔も均等にして、ハンドルをまっすぐにして停めましょう。

〔図表13　お尻が一直線に揃った駐車場〕

さらに、両隣の車と、鼻（車の先端）もしくはお尻（車の後端）が揃うようにすれば、なおよいです（図表13）。

こんなことをするのは、けっこう面倒です。何回か切り返しをする必要もあるかもしれません。

なぜこのようにするとよいのでしょうか？　それは、こうしてひと手間かけることで、気持ちを落ち着かせることができるからです。

急いでいるときや焦っているときは、停め方が乱暴になりますね。そうすると、ますます気持ちが乱れて、事故を起こしたり、仕事のミスを招いたりします。

逆に、面倒だけれども、丁寧に駐車することをつうじて、気持ちが落ち着き、丁寧な運転や丁寧な仕事ができるようになります。

こうして、車両を揃えるようになると、事故が減ります。

もう1つ、こうして車両を揃えることのメリットは、来客がビビるということです。一直線に揃えられた車両を見たとたんに、「ムムッ、この会社はできるなっ！」というインパクトを与えて、その場で契約が決まるかも知れません（笑）。

もちろん、車の内外をキレイにそうじすることも重要です。

キャビン内やトランクルームに、溢れんばかりの荷物が載っている車があります。ボディがドロドロに汚れている車があります。

こういう車は事故が多い、というのは、警察でも言われているようです。

キャビンやトランクルームには、その日その場で使う必要最低限のものしか載せない。ボディはキレイに洗車する。

こうしていけば、必ず事故は減ります。

私がお手伝いしている会社でも、車をキレイにする活動をはじめたとたんに、事故が減っていきます。

10　今日入った新人でも、どこに何があるかひと目でわかるように

整理・整頓の究極の目指すべき姿

整理・整頓の究極の目指すべき姿は、「今日入った新人でも、どこに何があるかひと目でわかる」

〔図表14　斜めのラインが入り、誰でもわかるキャビネ〕

状態です（図表14）。

ほとんどの職場は、こうなっていません。むしろ、わざとそうしているのか、と言いたいくらい、「わかる人にしかわからない」状態です（笑）。

こういう職場は、「風通しが悪い」ですね。ゴチャゴチャした棚の、どこに何があるのか、外部の人はさっぱりわからないのですが、本人は涼しい顔をして、「ほら、ここにこれがある。俺はわかる」とのたまうわけです。個人事業で本人だけで仕事が完結しているならば、それでもよいでしょうが、ほとんどの場合、組織は相互に関連し合い補完し合って成り立っています。たとえば、棚卸の際などには、他部署の人間も入って来て、現物を確認するでしょう。本人不在時に、外部から問い合わせがあったときなどには、他の人が来て、棚の中の書類を探すかもしれません。

部外者はわからなくていい、自分さえよければいい、という姿勢は、自分勝手でしかありません。

特に、こういう職場に新人が配属されると、嫌になってしまいます。先輩に、「オイ新人、○○を持ってこい」と言われて、探しに行きます。ところが、ものがゴチャゴチャで、どこに何があるのかさっぱりわかりません。持ってこいと言われたものが見つからずに、「すみません、見つかりませんでした」と報告すると、その先輩から「バカヤロウ、役立たずめがっ！」と怒鳴られる。私なら、そんな職場、1日で辞めます（笑）。

そうではなく、「今日入った新人でも、どこに何があるのかひと目でわかる」職場ならば、新人は仕事をしやすいです。新人がわかりやすいということは、誰にとってもわかりやすい。もちろん、本人だって、わかりやすいのです。

こういう職場を、「風通しのよい職場」と言います。物理的な風通しのよさは、心理的な風通しのよさにつながります。

11 清掃のコツ

掃く・拭く・磨く

さて、整理と整頓ができたら、いよいよ清掃です。

清掃は、「掃く、拭く、磨く」だと述べました。

文字通り、塵1つなく、ピカピカにすることです。
清掃のコツは3つあります。
・上から下へ
・外せるものは外す、どかせるものはどかす
・見えない所からやる

上から下へ

「上から下へ」は当然のことですね。ホコリやゴミは重力で上から下に落ちます。先に下部を清掃して、その後に上部を清掃すると、ホコリやゴミが落ちて、二度手間になります。天井に張られている蜘蛛の巣や、梁や間仕切りの上部に溜まっているホコリをまず落としてから、下部の清掃に移ります。

外せるものは外す、どかせるものはどかす

「外せるものは外す、どかせるものはどかす」というのは、清掃するにあたって邪魔なものは、なくしましょう、ということです。

たとえば、トイレの便器です。男性小便器には、水濾（みずこし）または目皿というものがついていて、臭いが逆流しないように蓋をしています。ところが、この水濾（目皿）を外さないと、しっ

かりとした清掃はできません。

なぜなら、この水濾（目皿）の裏側にこそ、尿石や水垢などの汚れが溜まっているからです（図表15）。もちろん、水濾（目皿）を外すと、排水口が露わになりますので、そこの清掃もしっかりできるわけです（図表16）。

洋式便器の場合には、便座を外します。便座を外すと、裏の部分に汚れがこびりついているはずです。私は一度、自宅のトイレをすべて分解し、便器も外して排水の穴だけにしたことがありますが（笑）、そこまでするとと戻すのが大変なので、外すのは便座まででよいでしょう。

換気扇の清掃をする際には、可能ならば、ファン（羽根）を取り外します。いくら表面のフィルターを清掃しても、本体であるファンにたくさんホコリが付着しているのですから、これを取らなければキレイな空気は流れません。

たとえば、食堂のホールで、床を掃きそうじする際に、テーブルや椅子をうごかさずに、そのまま掃く人がいます。これでは、テーブルや椅子の脚に阻まれて、ゴミやホコリを除去することはできません。掃く前にまず、テーブルと椅子を動かして、掃こうとする場所をクリアにすることが大切です。

小売店などでは、商品陳列棚の奥を覗いてみると、ホコリがたくさん溜まっていたりします。商品が邪魔になって清掃ができないので、ホコリが溜まるのですね。そこで、並んでいる商品を、いったん全部出して、棚板を拭き上げます。ついでに、商品の1つひとつも拭き上げます。

〔図表15　尿石がこびりついた目皿の裏側〕

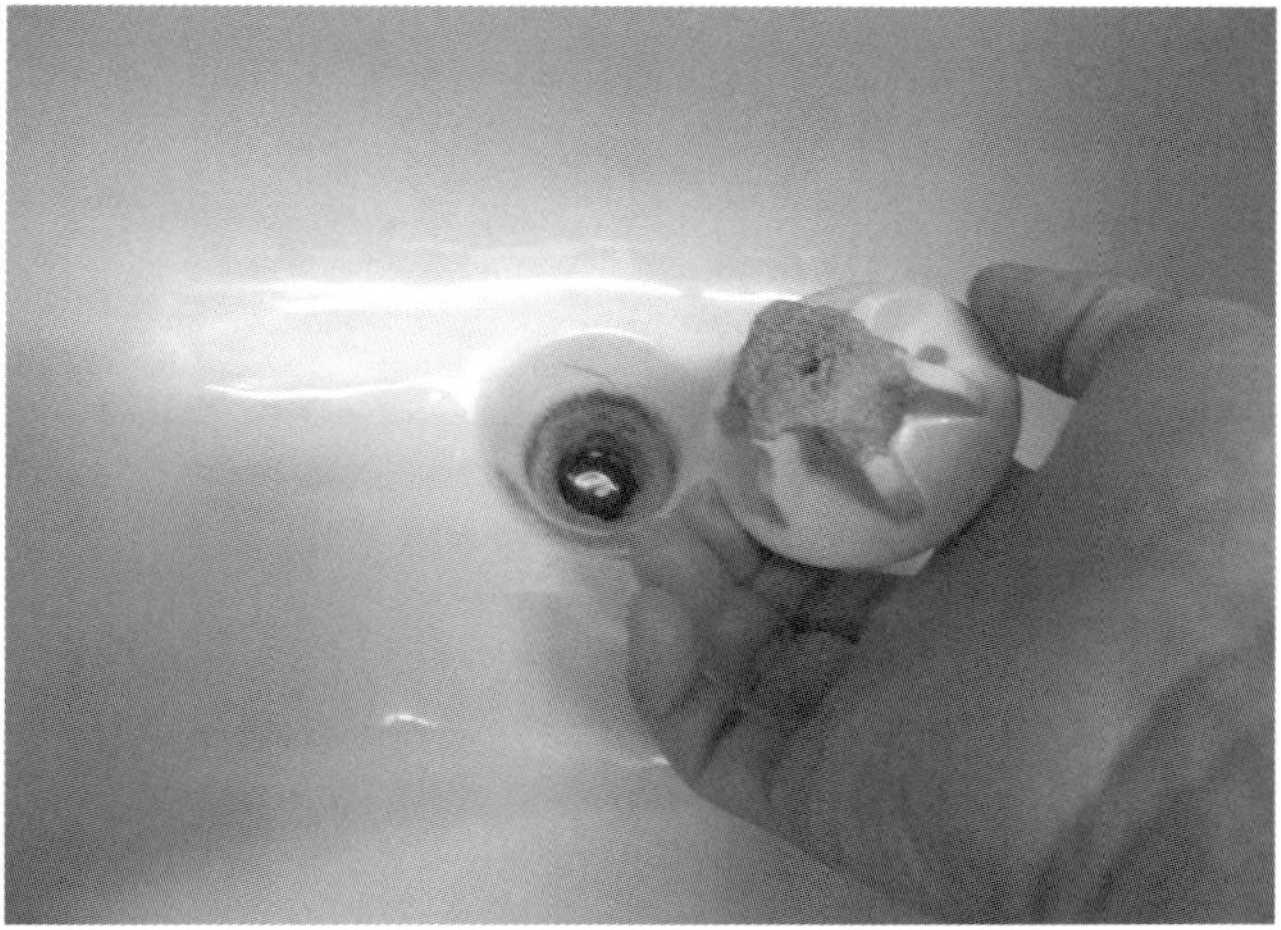

〔図表16　尿石をキレイに除去した目皿の裏側〕

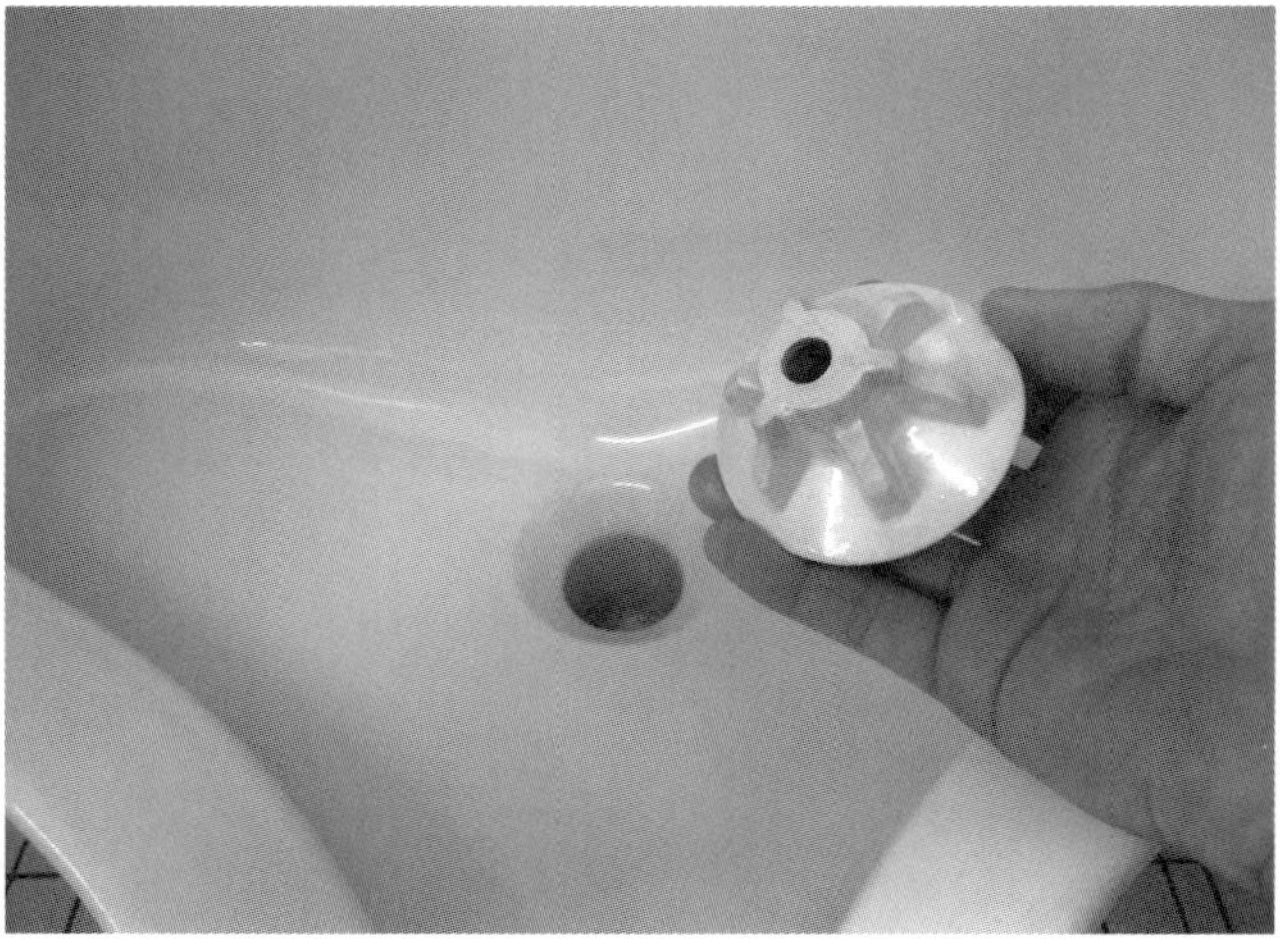

面倒な気持ちを克服する

こうして、「外せるものは外す、どかせるものはどかす」と本当に汚い部分がキレイになるということはもちろんですが、それ以外にもメリットが2つあります。

1つは、「面倒な気持ちに打ち克つマインドを育てる」ということ。

トイレの水濾を外すのは面倒です。換気扇のファンを外すのは面倒です。テーブルや椅子をどかすのは、おっくうです。できれば避けたい。表面だけなでて逃げたい。でも、これを続けることで、面倒な気持ちに打ち克つマインドが育ちます。

気づきの感度が上がる

そしてもう1つは、「気づきの感度が上がる」ということです。

前述したように、商品陳列棚で商品をいったん全部出して拭き上げると、その商品の状態が分かります。ホコリをかぶっているならば、商品の回転が悪いということです。逆に、在庫が残りわずか、ということに気づくかも知れません。値札やPOPの破れやはがれ、間違いなどに気づく可能性もあります。

こうしたことは、「気づけ！　気づけ！」と号令をかけていても、気づくのは難しいものです。だから、清掃をすることで、気づく訓練ができるわけです。

最後のコツ「見えない所からやる」は別項でご説明します。

12　雑巾の使い方

ポイントは絞り方

清掃でぜひ留意していただきたいのが、雑巾の使い方です。

一口に雑巾の使い方といっても、けっこう奥が深いのです。

まず、絞り方です。

雑巾の絞り方には、大きく分けて、「横絞り」と「縦絞り」があります。

自分の体に対して横方向に雑巾を向けて絞るのが「横絞り」（図表17）で、縦方向に向けて絞るのが「縦絞り」（図表18）です。

雑巾は縦絞りで

横絞りで絞る人が多いのですが、実は、縦絞りのほうがおすすめです。

なぜなら、横絞りの場合には、腕力（筋力）が必要になります。屈強な男性ならばいいかもしれませんが、女性や筋力の弱い人は、固く絞ることが難しいです。

それに比べると、縦絞りは、脇を締めて肘を伸ばすことで、自然と雑巾が締まる形になり、腕力がなくても、固く絞ることができます。剣道をやっている人は、竹刀の握り方をイメージしてもら

〔図表17　横絞り＝力が入りにくい〕

〔図表18　縦絞り＝こちらがおすすめ〕

うと、理解しやすいかと思います。ちなみに、縦絞りで、右手を手前にするか、左手を手前にするか、二通りありますが、どちらでも構いません。

雑巾は、縦絞りで、ガチガチに絞ります。拭いたときに、対象物に水滴がつかないようにします。ときどき、雑巾で拭いたあとのテーブルに、水分がベタベタと残っていることがありますが、あれは嫌ですね。水分は本来、余計なものですから、清掃をして余計なものがついてしまっては、本末転倒です。

きちんとたたんで使う

そして、たたみ方です。

雑巾をクシャクシャに丸めて使う人がいますが、あれではキレイになりません。きちんとたたんで使いましょう。

学校などでは、30×20センチくらいに切って縫い合わせた雑巾を使うようですが、私は、30センチ×80センチくらいの、いわゆるタオルを使うことをおすすめします。タオルは、３回たたむと、ちょうど手のひらサイズになります。そして、裏返して、さらに裏返して使えば、合計16面使うことができます。少し汚れたら裏返し、また汚れたら裏返しして使えば、常にキレイな面で拭くことができます。

また、タオルをめいっぱい拡げて、手が届かないトイレタンクの裏面などを拭くこともできます。お風呂で自分の背中をタオルで拭くときの要領ですね（笑）。

縫い合わせた雑巾は、実は布と布の間にゴミや汚れが溜まってしまうので、あまり衛生的とは言えません。なので、タオルをおすすめするのです。

自分の顔が拭けるくらいに

そして大事なのは、使った後の洗いと片づけです。

まず、バケツの水の中で、汚れた面と汚れた面を丁寧に擦り合せて、きちんと汚れを落とします。汚れがひどい場合には、何回か水を換えて、繰り返します。

雑巾洗いの合格基準は、「その雑巾で自分の顔が拭ける」ことです。

これをいうと笑う人がいますが、別に笑うシーンではありません。そもそも雑巾は対象物をキレイにするための道具ですから、その雑巾以上に対象物がキレイになることはありません。汚れたままの雑巾を使うということは、その汚れを、対象物になすりつけている、ということです。

そして、キレイに洗って固く絞った雑巾は、屋外もしくは風通しのよい場所で、きちんと干しましょう。よく、バケツに入れたままにしているのを見かけますが、すぐにカビが生えてしまいます。水分は、雑菌の繁殖の条件です。ときどき、雑巾で拭いたあとのテーブルが、嫌な臭いを発していることがあります。カビの生えた不潔な雑巾で拭くから、そういうことになるのですね。

前述したように、対象物が、その雑巾以上にキレイになることはありません。キレイに洗い、毎回きちんと乾燥させ、キレイな状態の雑巾を使いましょう。

こうした雑巾の扱い方も、「丁寧さ」を身に着ける訓練になります。

13　トイレそうじは素手で

スポンジ・タワシ・雑巾などは使うが、手袋はしない

私は、トイレそうじをするときには、素手でします。素手といっても、もちろん、スポンジやタワシ、雑巾などの道具を使います。つまり、手袋はしない、という意味です。

素手でトイレそうじ、というと、「何かの宗教ですか？」とか、「衛生上、問題があるのでは？」という反応が返ってきたりします。

別に、宗教でもなんでもありません（笑）。まず、素手で便器に触れることで、便器表面が「ザラっ」としているのか「ヌメっ」としているのか、「ツルっ」としているのかがわかります。「ザラっ」としているということは、尿石や水垢などがこびりついているということです。「ヌメっ」としていれば、尿や便がついて汚れているということでしょう。「ツルっ」としていれば、汚れがなく、合格、ということです。

こうした、素手の感触というのは、感性を鍛えるのに、大切なのです。トイレそうじに限ったことではありません。何でもバーチャルに〝体験〟することのできる現代においては、なおさら、こうした「実物に触れる機会」が必要だと思うのです。

それから、手袋をするということ自体、対象物が汚い、と決めてかかっているようなものです。たとえ、最初は汚いとしても、そうじをきちんとすれば、キレイになるわけです。素手で触れるくらいにキレイにしましょう、ということです。手袋をしていては、そこまでキレイにしようという気にはなりません。

また、手袋をしていると、雑巾も絞りづらいです。前述した雑巾の絞り方も、手袋をしたままでは、なかなかうまくいきません。

強アルカリ性の洗剤などを使うときは手袋をすべき

とはいえ、素手を強要はしません。手袋をしていたほうが気持ちよくそうじができるのであれば、それでよいと思います。

もちろん、病原菌が潜んでいる可能性がある場合（医療機関など）や、強アルカリ性や強酸性の洗剤・薬剤を使う場合などは、手袋をすべきなのはいうまでもありません。

14 局所集中

狭い範囲に絞って徹底的にキレイにしよう

「局所集中」というのは、広い範囲をザッとキレイにするのではなく、狭い範囲に絞って、そこを徹底的にキレイにしましょう、ということです。

これは、整理、整頓、清掃、すべてに共通する原則です。いっぺんに広い範囲をやろうとすると、どうしても粗くなります。雑になります。中途半端にモノが残っていたり、汚れが取れないままになっていたりします。それではいったい、何がどう変わったのか、変化を感じづらいのです。とりあえず、以前よりは広くなったとか、以前よりは多少キレイになった、という程度では、喜びもあまり感じられず、結果として、数か月たつとまた同じ状態に戻ってしまいかねません。

違いが明確になる

整理で言えば、たとえばまず、ターゲットとなる部屋を決めます。その中でも、ある棚に的を絞り、さらに、その棚の一番上の段だけを、徹底的に整理します。それができたら、次に、その下の段を整理し、それを繰り返して、棚全体を整理します。そして、次の棚に移り、同じ要領で整理していきます。部屋全体が整理できたら、そこではじめて、次の部屋に移るのです。

こうすると、手を入れた部分は、明らかに他の部分と違います。その部分が輝いて見えます。まだ手を入れていない部分の問題が浮き彫りになります。

もし、棚の一段を整理しただけで時間が来てしまったら、それ以上進まずに、そこでやめます。そして、次の取り組み日に、次の段をやるのです。１回に広い範囲をやろうとすると、無理が生じ

〔図表19　局所集中＝タイルの１枚だけを磨いたところ〕

ます。いい加減になります。また、広い範囲をやると、疲れてしまうので、続きません。狭い範囲を短時間でやれば、続けることができます。

この写真は、ある会社の事務所の床を磨いたところです（図表19）。タイルの1枚だけを、周囲にマスキングをして磨いたのです。こうすると、周囲との違いが明確です。ところが、事務所の床全体を、いっぺんに磨こうとすると、粗くなってしまい、こんなふうにはキレイになりません。

この、30センチ四方くらいのタイル一枚を磨くのに、かかった時間は10分間くらいです。

続けられる

このやり方の、もう1つのメリットは、ここで終われない、ということです。こんなふうに、ここだけくっきりとキレイなのは妙ですよね（笑）。だから、明日はその隣、明後日はさらにその隣、と続けていけるのです。１日10分間ならば、確保できますよね。

そうじは、続けることが大切です。

いっぺんに広い範囲をそうじして、お腹一杯になってしまうと、続けようという気持ちになれません。結果として、次回は半年後というようなことになってしまって、また元通り、ということになってしまいます。

局所集中を繰り返して、少しずつ拡げていくのが、継続のコツです。

15　見えない所からやる

不要物・不明物・ゴミ・ホコリが溜まる

「見えない所からやる」というのも、整理、整頓、清掃いずれにも共通する重要な原則です。

「見えない所」には、不要物や不明物、ゴミやホコリが溜まるのです。

たとえば、トイレにおいて、一番汚れるのは、水濾（目皿）の裏側だったり、排水口の奥だったり、便器の縁の内側だったりするわけです。私はトイレそうじのときに、手鏡を使って、表からは見えない裏側の汚れを確認しながらします。便器の裏側の床面や、タンクの奥の壁面も、ホコリが溜まって、汚れていますね。また、個室を仕切っている間仕切りの上部には、実は大量にホコリが溜まっています。これらはいずれも、表からは見えない部分です。

私はよく、工場や事務所などで、しゃがんで什器の下部を覗き込みます。たいてい、ホコリが溜まっています。また、什器の最上部、いわゆる天板の上も背伸びして覗き込みます。やはり、ホコリが積もっています。

会社全体を考えたときに、「見えない所」というと、まず、倉庫です。倉庫というのは、たいてい、敷地の裏側にあります。倉庫には、使っていないもの、すぐには使わないもの、使うか使わないかわからないけれど、とりあえず取っておいているもの、などが詰まっています。

私はよく、クライアントの現場で、倉庫を視察し、そこに積み上げられているものを1つひとつ指して、「これは何ですか?」「これは何に使うのですか?」「なぜこれはここにあるのですか?」と聞くのですが、たいてい、「何でしょうかね?」という答えが返ってきます。社長以下、社員のどなたも答えられないのです(笑)。

それくらい、見えない所には、余計なものが溜まるのです。見えない所には、問題が詰まっているのです。逆にいえば、問題を隠しておく場所が「見えない所」だとも言えます。

だから私は、クライアントで整理、整頓の活動をする際に、まず、見えない所からはじめましょう、とアドバイスしています。

工場でいえば、倉庫。小売店ならば、バックヤード。建築業ならば、資材置き場。飲食店ならば、厨房などが、〝要注意〟です。

また、社長室というのも、くせものです。会社の中で治外法権になってしまいがちな社長室。ここも、「見えない所」ですから、早い段階で手を入れる必要がありますね（笑）。

ところで、「見えない所からやりましょう」というと、「じゃあ、見える所はどうするんですか？」という質問が飛んできそうですが、大丈夫です。私はいまだかつて、見えない所がキレイに整っていて、見える部分が汚く乱れている、という会社にお目にかかったことがありません。見えない所をキレイに整える感性があれば、見える所は黙っていてもキレイになります。

16　電子データのそうじも重要

まず整理＝不要な電子データを捨てる

この章の最後に、電子情報、つまりパソコン内の電子データについて言及しておきます。

いまや、情報の大半は電子データでやり取りされる時代。だから、いくら「紙」情報を整理、整頓しても、電子データの整理、整頓をしなければ、片手落ち、ということになります。

基本的な考え方は、紙情報と同じです。

まずは「整理」、つまり不要なデータを捨てることです。ハードディスクの容量が、何百ギガあるいは何テラという現代においては、不要なデータを捨てなくとも、容量（スペース）的には問題ないかもしれません。ただ、不要なものがあると邪魔になる、ということには変わりはありません。どれがより重要な情報で、どれが最新バージョンなのかもわからなくなってしまいます。定期的にパソコンの内部を見直して、不要なデータを消去することが大切です。

デスクトップは「机上ゼロ」に

よくデスクトップ上にたくさんのアイコンが並んでいるのを見かけますが、感心できません。「すぐにアクセスできるように」「すぐわかるように」ということだと思いますが、アイコンが多くなればなるほど、どこに何があるかわかりにくくなり、結果としてアクセスも悪くなってしまいます。

また、デスクトップのメモリーを食うので、動作が遅くなる原因にもなります。

デスクトップにファイルを保管しておくのは、「とりあえず」という意識から来るのだと思いますが、「とりあえず」というのは「仮」の処置です。「仮」が増えると、それを「正式」に直すのが大変になります。その場その場で、きちんと仕事を完結させるクセをつける意味でも、ファイルはデスクトップに仮置きせず、決められた格納場所に保管すべきです。

私はデスクトップを、机の上にたとえて、「机上ゼロにしましょう」と言っています。

机上ゼロのパソコンは、見ていても気持ちがよく、仕事もはかどります。

整頓＝データの保管方法を見直す

次の「整頓」ですが、これは必要なデータを、どこにどのように保管しておくか、ということです。これには、組織のあり方を考慮した保管方法を検討する必要があります。

たとえば、電子データを、すべて各個人のパソコンのハードディスクに保管している場合。管理が個人任せになってしまい、他の人がアクセスすることができません。本来、企業で取り扱う電子情報は、個人のものではなく、その企業のもののはずです。だとすれば、個人のハードディスクに保管せず、共通サーバーもしくはクラウドに保管することが望ましいでしょう。

その際、フォルダ体系をどのようにするか、ということも、吟味が必要です。多くの場合、「山田フォルダ」「田中フォルダ」というように、担当者ごとのフォルダをつくっています。しかし、それでは結局個人管理です。

属人性を排するならば、「経理フォルダ」「営業フォルダ」というような部署ごとのフォルダと、「報告書フォルダ」「写真フォルダ」といった機能ごとのフォルダの組み合わせで構成することが望ましいでしょう。

ファイル名のつけ方を統一する

また、各データのファイル名のつけ方も、共通のルールが必要です。各担当者が思いのままに適当にファイル名をつけていると、他の人は判別がつきません。自分自身も、どういうファイル名をつけたか忘れてしまうので、検索するのも大変です（笑）。

たとえば、弊社では、「日付、お客様名、情報の種類、担当者」というファイル名で統一しています。こうしておけば、担当者以外の人間でも、必要なデータに容易にアクセスできますし、何よりも、自分自身が検索の際に楽です。

もちろん、セキュリティの対策が必要なことはいうまでもありません。

ＰＣやスマホ使用のルールを明確にする

セキュリティの観点からも、ファイルは個人のハードディスクやデスクトップに保管するのではなく、共通サーバーに保管しておくことが必要です。

個人のパソコンは、はっきり言って、ブラックボックスです。

他の人からは見えないので、やりたい放題になってしまう恐れがあります。それは整理、整頓の観点だけでなく、公私の区別という面でもそうです。

インターネットで、趣味や遊びの情報を検索したり、ひまつぶしに動画を見たりといったことも、やろうと思えばできてしまいます。

プライベートなメールのやり取りも、しかりです。

だからこそ、明確なルールが必要です。

ファイルは、どこにどのように保管するのか。インターネットやメールは、どのようなことに使い、どのようなことには使ってはいけないのか。

最近はスマホもありますから、スマホに関しても、使い方を検討する必要があるでしょう。

第3章

組織変革・活性化する“そうじ”のポイント～組織編

1　1人でやらない

組織の変革や活性化のために

この章では、組織の変革や活性化という観点から、〝そうじ〟の進め方についてのコツを解説していきます。

まず、「1人でやらない」ということです。

前章で解説したような整理、整頓、清掃を、誰かが1人でやってしまう、ということがよくあるのですが、それでは、組織の変革や活性化につながりません。たとえ、整理、整頓で使い勝手がよくなり、効率がよくなったとしても、それでは価値は小さいのです。

私はよく「みんなでやりましょう」と呼びかけますが、「みんな」というのは、必ずしも、組織の成員全員ということではありません。1人でやらない、ということ、つまり、複数人でやりましょう、ということです。

皆の知恵を結集できる

たとえば、物を整理するとき、何を捨てて何を残しておくのか、その判断は、1人では難しいはずです。ベテランの人や、直接その案件にかかわった人たちが集まって、はじめて「捨てる、捨て

〔図表20　社長と社員が一緒に洗車をしているところ〕

ない」の判断ができるはずです。

整頓にしても、ある物の置場を、誰もがわかりやすくアクセスがしやすいように整えようという場合、誰か１人がよかれと思ってやっても、実際に使う段になって、他の人にとっては使いづらい、ということがあります。だから、置場を整える段階で、複数人が集まって、「こうしようか」「ああしようか」「このやり方のほうがよいのでは」というやり取りをすることで、より普遍性がある整頓ができるはずです。

清掃についても、洗車を例にとって考えてみましょう。１人で1台の車を洗車するとなると、だいたい1時間くらいかかるでしょう。けっこう大変です。でも、２人とか３人で一緒にやれば、20分か30分でできるでしょう。1人でやるより、ずっと楽です（図表20）。

それに、その車をいつも運転する担当者は、「いつも見慣れている風景」なので、車の汚れや傷などに気づかないことが多いのですが、外部の目が入ると、「おい、ここ汚れているよ」「この傷、どうしたの?」という「気づき」があるので、レベルが上がるのです。

外部の視点ということでいうと、整理にも外部の視点が有効です。要るものと要らないものを分けて、要らないものを捨てるときに、本人は、思い入れがあるので、なかなか捨てられないのですが、他人は、思い入れがないぶん、冷静に判断ができます。本人が、「これは要る」と判断した書類も、「これ、いつ使ったの?」と聞いてみると、「いや、5年くらい前かな・・・」という答えが返ってきたりします。すると「じゃあ、捨てようよ」ということになります。

だから、整理をするときには、本人が1人でするのではなく、2人1組や3人1組で一緒にやるのがいいのです。適度な「外圧」があったほうが、整理は進みます(笑)。

会話が生まれる

そして、複数人で一緒にそうじすることの、最大のメリットは、そこで会話が生まれる、ということです。

われわれは普段、会社の中で、お互いに話をしているようで、実はほとんどしていない、というのが実情です。業務上必要な会話しか、しないのです。でも、適度な雑談も、必要です。そうじをしながら、世間話をはじめとして、いろいろな会話をします。その中で、その人の意外な一面や本音を聞けたりするものです。

このことは、特に、経営者と社員の間で効果を発揮します。社長と一般社員が一緒になってそうじをすることで、会話が生まれます。そうじをするときには、地位や肩書は関係ありません。その瞬間は、フラットな人間関係になれるのです。一緒に汗を流し、手を汚すことで、お互いの距離が縮まり、信頼関係が生まれます。

経営者と社員が集まり、一緒にワイワイ言いながらそうじができたとしたら、どれくらいキレイになったかはさておき、それだけで、大いに意味があります。

私はよく、「そうじは、1人でやると修行、みんなでやればレクリエーション」と言っています。

2　推進組織をつくる

既存のものとは違う組織をつくる

会社でそうじを進めるときに、ただ単に「そうじをしろ」と号令をかけても、ものごとが進むわけではありません。そうじを推進する組織をつくることが必要です。

こういうと、多くの社長さんは、「いや、組織は既にある」と言うでしょう。会社の職制です。部長がいて、課長がいて、係長がいて、主任がいて…、という現状の組織体系です。

だから、各部門の長である部長さんたちに命令を発すれば、自然とその命令は下位者に流れて実行されるはずだ、と。

それも間違いではないでしょう。

ただその場合、往々にして上意下達の硬直的な命令であるために、下位者にとっては、「上からやれと言われたことさえやればいい」というふうにとらえられがちです。

後述するように、そうじの醍醐味は、工夫や改善です。

個々人の「気づき」の感度が向上し、よりよくするための知恵やアイデアを出し合うことです。

一方的な指示命令では、そうした自発的な活動にはなりません。硬直的な組織体系で命令を発しておきながら、「社員が自発的に動かない」と嘆くのは、アクセルとブレーキを同時に踏んでいるようなものです。

だから私は、あえて、現状の組織体系と違う推進組織をつくってみることをおすすめしています。

あえて若手や社歴の浅い人を選ぶ

前述したように、そうじって、誰にでもできることです。新入社員でもできます。学歴や経験がなくたってできます。逆に言えば、役職が高い人が旗を振ったからといって、うまくいくものでもないのです。

せっかくならば、現状の組織体系とまったく違う推進組織をつくってみませんか?

あえて、若手や社歴の浅い人を組織のメンバーに選んでみるのです。

若い人や社歴の浅い人は、実務そのものでは、あまり活躍の場がありません。どうしても先輩の補助的な仕事が中心になってしまいます。

でも、そうじならば、彼らが主役になることができます。若い人や社歴の浅い人は、ベテランよりもフレッシュな感性をもっているので、それが役に立ちます。

ことはそうじですから、仮にミスをしたからといって、会社に致命的な損害を与えるリスクもありません（笑）。むしろ、いろいろな失敗を経験させる絶好の機会だととらえることもできるでしょう。

この推進組織のことを、「委員会」と呼んだり「プロジェクトチーム」と呼んだりします。

3　リーダーを任命する

素直な人を選ぶ

そして大切なのは、リーダー決めです。

各部門のリーダー、そして全体の統括リーダーを誰にするか。経営者の腕の見せどころです。

前述したように、あえて、役職や肩書などにとらわれずに任命するとよいでしょう。

選ぶ基準はただ1つ、「素直」なこと。

そうじが好きとか嫌いとか、得意とか不得意とか、関係ありません。

そういった若手や経験の浅い人をリーダーに任命することで、普段の業務ではなかなか活躍の場がない人たちの活躍の場ができ、「やりがい」を感じることができます。

こうして、若手や社歴の浅い人をリーダーに任命して推進組織をつくると、どういうことが起きるか。

任命されたリーダーが意気に感じて、一生懸命に活動をしてくれます。

後輩が一生懸命に取り組むのだから、先輩たちもやらざるを得ません。しかし、そのニュアンスは、社長から命令されてやらされるのとは、ちょっと違うのです。先輩たちが、その後輩を応援したくなる、ということが起きます。

将来の幹部の発掘・育成の場

ある会社では、新入社員が総リーダーに任命されました。

当初、活動はそれほど順調ではなかったのですが、リーダーが朝礼の場で、何度も何度もそうじの目的や意義を説いた結果、そのリーダーを応援したいと思う先輩たちが熱心に活動するようになりました。

いろいろな効果が出てきただけでなく、会社の一体感が生まれてきました。

別の会社では、総リーダーに任命された人やサブリーダーに任命された人が、他部署の取り組みにまで「よかったら手伝うよ」と声をかけ、積極的に力仕事を手伝っています。

そのおかげで、事故やミスが減ったという直接的な効果だけでなく、部署間の横のコミュニケーションが活発化するなど、間接的な効果もたくさん出てきています。

この会社の社長は、活動をつうじて、「そうじのリーダー、サブリーダーを将来の会社の幹部にする」と決めたそうです。そして実際に彼らは現在、各部門の長に昇進して活躍しています。

これらの事例から言えるのは、そうじの推進組織は、リーダーシップの訓練の場であり、将来の幹部を発掘・育成する場でもあるということです。

4　1日1回を繰り返す

複数人でする時間を設定する

では具体的に、いつどのような形でそうじに取り組むとよいのでしょうか？

基本は、「毎日」です。

時間帯は、朝でも昼でも夜でも構いません。業種や職種によって、取り組みやすい時間帯というものがあると思いますから、一番自分たちが取り組みやすいところで設定すればよいと思います。

あてがう時間は、10分間でも20分間でも30分間でも構いません。長ければ長いほど、しっかりとした活動ができることは確かですが、かといって、無理なことを設定しても続きませんから、極端な話、5分間でもよいと思います。どんなに忙しい職場でも、1日5分間の時間が割けないはずはありませんから。

そして、「わが職場は、毎朝9時から9時20分までの20分間をそうじに充てる」と決めるのです。この時間は、全員でいっせいにそうじを行います。

ただ、職種によって出勤時間が異なったり、直行直帰があったりすると、なかなか全員が揃うのが難しい場合もあります。その場合には、グループごとにそうじをしてもよいでしょう。

そうした少人数であっても、集まれない、というケースがあります。工場などで、ラインが昼夜を問わず動いているケースや、営業部隊で出張ベースで仕事をしているケースなどです。

苦肉の策として、各人がそれぞれの空いた時間帯で個別に活動する、という形をとる場合もあります。ただ、よほど各人の意志が強くないと、自分ひとりでそうじを続けることは難しいです。また、この章の冒頭にご説明したとおり、複数人でやるからこそのメリットがたくさんありますので、5分間でいいので、複数人でそうじをする時間を設定してほしいと思います。

毎日行うと習慣になる

「なぜ毎日なのですか?」「1週間に1回ではダメですか?」という質問を受けることがあります。ダメということはありません。1週間に1度でも、やらないよりはいいでしょう。ただ、毎日がベストだということです。

毎日繰り返すと、それが1つの「ルーティン」になります。野球のイチロー選手が、バットを構える前に腕をぐるぐる動かすポーズが、ルーティンです。ルーティンが定着すると、それをやらないと気が済まない、というふうになります。そうすると、そうじの取り組みが、個人にとって、そして組織にとって、欠かせない取り組みになるのです。

そして、毎日行えば、それば習慣になります。一度習慣化したものは、容易には崩れません。たとえばもし歯磨きをやめろ、と言われても、やめることはできないでしょう。

前述したとおり、そうじは企業の基礎体力づくりだと捉えることができます。スポーツの世界で、たとえば、基礎体力づくりのために、スクワットを行うとします。毎日少しずつでも行うのと、1週間に1回大量に行うのと、どちらが効果があるでしょうか？　私は運動生理学の専門家ではありませんが、おそらく毎日行うほうが、効果は高いでしょう。

ですから、たとえ短時間であっても、毎日行うことをおすすめします。

5　重点活動日を設ける

計画とスケジュールを明確に

とはいえ、毎日の活動だけでは、やれることは限られてくるでしょう。

特に、整理や整頓は、大量の不要物を捨てたり、大きくレイアウトを変えたりといった、大掛かりな作業を伴うことがあります。毎日10分間の中では、なかなか手がつけられないということもあるでしょう。

そこで、毎日の取り組みに加えて、1週間に1回、あるいは2週間に1回、もしくは月に1回というようなペースで、「重点活動日」を設けることをおすすめします。

1回あたりの活動時間は、1時間ないし3時間くらい。できる限り、全員参加で行うことが望ましいです。

もちろん、部門や職種によって事情が違うでしょうから、グループごとに重点活動日を設けてもいいでしょう。

ある会社では、月に2回、土曜出勤があります。そのうちの1回の午前中を、そうじにあてています。別の小売業の会社では、毎月1回、日曜日の早朝の開店前に、全員が集まってそうじを行っています。

こうした重点的な取り組みよって、物理的な整理・整頓・清掃がよりいっそう進むことはもちろんですが、組織の中のいろいろな人が集い、一緒に汗を流すことで、連帯感が生まれ、情報共有ができ、組織が活性化するというメリットもあります。

そして、こうした重点活動については、行き当たりばったりで取り組むのではなく、後述するように、必ず計画を立てて臨んでほしいと思います。日時の設定も、「空いているときに行う」ということではなく、あらかじめスケジュールに組み込んで、行うのです。スケジュールと計画を明確にすることで、組織の成員が、それに向かって準備することができます。

６　ルールをつくり、守る

整理も整頓も、ルールが必要

さて、繰り返し申し上げているとおり、〝そうじ〟の取り組みは、決して見た目をキレイにする活動ではありません。

〝そうじ〟の大切な要素の1つに、「ルールをつくり、守る」があります。

多くの企業で、実はいろいろなことのルールが曖昧で、明確になっていない、という現実があります。ようするに「なんとなく」なのです。

それらを、１つひとつ明確にしていきましょう、ということです。

たとえば、整理において、「何を捨てて、何を残しておくのか？」という判断基準も、一種のルールといえます。自分だけで使っているものであれば、自分の感覚で捨ててよいかもしれませんが、多くのものは、会社としての共有物でしょう。「この道具は、○○年使っていなければ捨てる」「この書類は、○○年経過したら捨てる」というルールを、１つひとつの事物について検討し、明確にしていくのです。

整頓も、同様です。必要な書類をファイリングするにしても、どの書類はどこの棚に、どのようなファイルに入れて、どのような背表紙をつけてしまっておくのか？　ルールが明確でないと、各人が好き勝手なことやってしまい、結果として本人にしかわからなくなってしまいます。

道具などを、どこにどのように置くのかも、ルールです。ルールを守らない風土があると、せっかく整頓して置場を整えても、それを無視して適当に置いたり、いわゆる「チョイ置き」といって、その辺に置きっぱなしにしてしまったりします。

規律ある風土をつくる

道具を使ったら、元の定められた位置に戻しましょう、という取り組みを繰り返すことで、「決められたルールは守る」という健全な規律ある風土をつくっていくのです。

前述したそうじの取り組み時間についても、同様のことが言えます。「毎日、9時から9時20分までの20分間そうじする」と決めたのであれば、必ずそれを行うようにします。

「仕事があるから」と言ってそうじをしない人や、早めに切り上げてしまう人を容認してしまうと、組織全体の規律が緩みます。

時間にルーズな風土は、決して〝そうじ〟に留まることなく、いろいろな場面で問題化しますから、〝そうじ〟の取り組みを通じて、時間を守る風土をつくっていくのです。

そして、これらのことは、上から一方的に押し付けられたルールではなく、自分たち自身でつくったルールなのだから、ちゃんと自分たちで守ろうよ、ということであり、こうしたことをつうじて、自立的な風土が築かれていくのです。

7　ルールがあるから自由がある

ルールは何のためにあるのか

ルールということについて、もう少し考えてみたいと思います。

「ルールを守りましょう」と言うと、「堅苦しいな」とか、「もっと自由にやろうよ」というふうに感じる人もいるかと思います。

そもそも、ルールって、何のためにあるのでしょうか？

私は、「ルールは、自由を守るためにある」と考えます。

一番わかりやすいのは、交通ルールです。

交通ルールは明確です。免許を持っている人ならば、必ず自動車教習所で習いますし、あちこちに信号や道路標識があって、誰もがわかりやすいようになっています。

そして、ほとんどの人が交通ルールを守ります。だから、わたしたちは安心して車を運転することができます。安心して歩道を渡ることができます。どこに行くのも自由です。次の交差点を右に曲がれとか左に曲がれとか、強制されることはありません。ルールを守っている限りは、何をするのも自由なのです。

これがもし、交通ルールというものがなかったとしたら。あるいは、交通ルールはあっても、誰も守らないとしたら、どうなるでしょう？　交差点は大混乱。あちこちでケンカがはじまり、事故が起こり、ケガ人や死者が続出して、カオス状態です。こんな状態では、自由はありません。自分が曲がりたいところで曲がれず、自分が行きたいところにも行けません。

だから、ルールを守るのは、自由を守るためなのです。

服装のルールを守るのは、自分のため

製造業や建築業などの現場では、服装のルールを守ろう、と呼びかけています。袖のボタンをきちんと留めましょう、ジャンパーの前のジッパーを首元まで上げましょう、帽子をかぶりましょう、靴のかかとを踏まないようにしましょう、と呼びかけます。

袖のボタンを留めていなかったり、ジャンパーの前ジッパーが開いていたりすると、製造現場や建築現場で、物に引っかかって巻き込まれる恐れがあります。帽子をかぶっていないと、頭に物がぶつかったときに、ケガをしてしまいます。靴のかかとを踏んでいると、何かにつまずいて転んだりします。すべて、自分に返ってきます。

服装のルールを守るから、ケガをせずに、安全に仕事ができるのです。

だから、ルールは明確である必要があり、明確になっているルールは、守る必要があります。ルールを守らない行為を見つけたら、特に上位者は、厳しく注意するべきです。そのためにもまず、社長を筆頭に、上位者ほどルールをしっかりと守ることが大切です。

8　PDCAサイクルを回す

PDCAサイクルとは

〝そうじ〟に取り組む際、行き当たりばったりにやっていては、よい成果は望めません。もとより、キレイにすることが目的ではなく、組織を強くするのが目的ですから、きちんと計画を立てて実行し、内容を検証して次につなげることが重要です。

よく「PDCAサイクル」と表現されます。「Plan＝計画」→「Do＝実行」→「Check＝振り返り」→「Act＝さらなる改善」のサイクルです（図表21）。

まずは、組織全体の計画を立てます。

計画づくりにあたっては、現状を把握する必要があります。わが社内には、どんな施設や設備があり、それぞれがどのような状態なのか。すべてのものを有効に生かせている状態なのか、不要物や不明物が多く、無駄が多い状態なのか。わかる人にしかわからない状態なのか、誰もがわかる状態なのか。ホコリや汚れが多く、荒れた状態なのか、隅々にまで手が行き届いた状態なのか。

そして、優先順位を決めて、スケジュールを組んでいきます。

優先順位の基準は、前述したように、「整理→整頓→清掃」であり、「見えない所から」です。ただし、ものによっては判断が難しかったり、各方面への調整が必要だったりと、難易度の高い箇所

〔図表21　ＰＤＣＡサイクルを回す〕

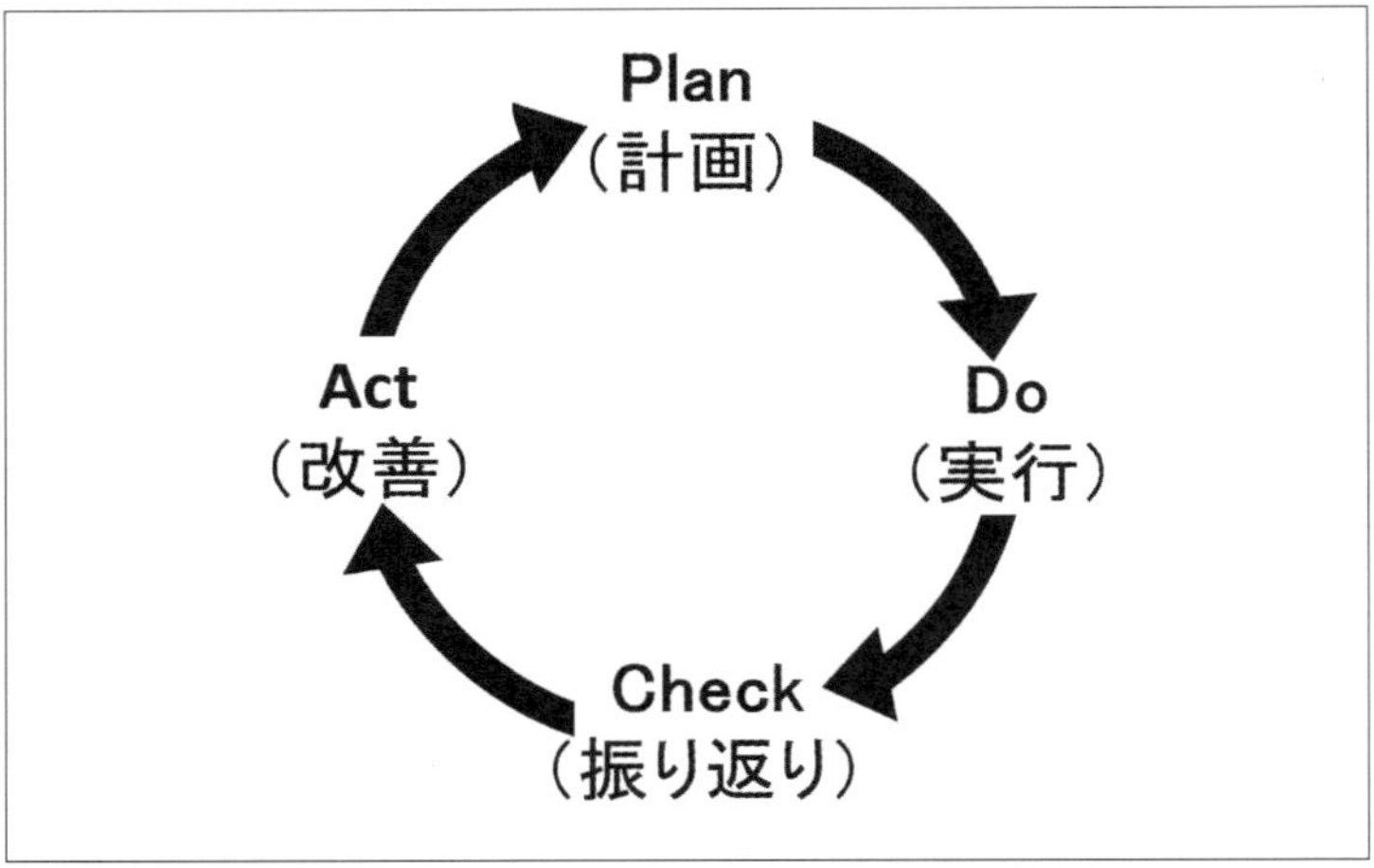

もありますから、比較的取り組みやすい箇所からはじめてよいでしょう。

組織全体の計画とスケジュールが固まったら、それに基づき、各グループ単位の計画とスケジュールも立てます。

こうした計画とスケジュールに沿って実行します。しかし、実行してみてはじめてわかることも多いものです。だから、振り返りをして、うまくいった点とうまくいかなかった点を洗い出し、次の計画に反映させていきます。こうすることで、常に取り組みを進化させていくことができます。

計画は文書化する

ちなみに、計画やスケジュールは、当然ながら文書化する必要がありますが、何も精緻で詳細な計画書をつくりなさい、ということではありません。簡単な、ざっくりしたものでいいのです。そ

〔図表22　そうじ活動計画書の例〕

○○会社「そうじ」活動計画書

グループ名		リーダー名	
目的			
全社目標			
グループ目標			
メンバー			
活動時間	毎日： 毎週：		

4月	5月	6月	7月	8月	9月
10月	**11月**	**12月**	**1月**	**2月**	**3月**

〔図表23　そうじ活動報告書の例〕

「そうじ」活動　　　年　　月度 活動報告書	
グループ名:	
メンバー:	
活動日時:	
活動内容	
活動の様子の写真	
主な取り組みポイントの写真	
ビフォア	アフター
活動の成果もしくは課題	
次月度の予定	

もそも、やってみなければわからないことだらけなので、計画やスケジュールは頻繁に変更されます。なので、いくら緻密な計画書をつくっても、無駄になってしまいます。計画書はざっくりと、面倒に思わない程度につくるのがコツです。

また、「Ｃｈｅｃｋ＝振り返り」という観点からは、活動報告書を作成するのも有用です。これも、「報告のための報告書づくり」にならないように、簡単なものでよいと思います。

ご参考までに、私がよく使う計画書と報告書のフォーマットを載せておきます（図表22、23）。

9　目標（指標）を定める

皆で話し合って決める

どんな取り組みでも、目標が明確になれば、意識が高まります。

ただ漫然と筋力トレーニングを続けるよりも、「オリンピックに出場する」と決めたほうが、トレーニングに熱が入るのは当然のことです。

だから、〝そうじ〟の取り組みをはじめてある程度の時間がたったら、何らかの目標（指標）を設定することをおすすめします。

今、「ある程度の時間がたったら」と言いましたが、それは、最初から目標設定はしにくいからです。最初は、そうじをして何がどうなっていくのか、わからないでしょう。だから、目標を設定しろと言っても、無理なのです。活動をしていく中で、なんとなく、それが見えてきます。

たとえば、陸上選手が、陸上をはじめたばかりのころは、自分がどの程度まで行けるかなんて、わからないでしょう。でも、少したつと、「県大会までは行けそうだ」とか「頑張れば国体も夢じゃない」ということがわかってくるようなものです。

目標は一般的に、「時間」と「高さ」で表されます。「2020年(時間)のオリンピックでメダルをとる(高さ)」というような感じです。でも、ことは〝そうじ〟ですから、あまり厳密に考える必要はないでしょう。皆が納得でき、それに向かって意欲が湧くようなものならば、どのような表現でも構わないと思います。

ある建築会社は、「東京一キレイな現場を目指す」と目標を決め、建築現場で1日5回のそうじを続けています。

鋳造の会社は、「粉塵ゼロの非常識なクリーンファンドリーを目指す」と目標を定めました。鋳造工場は、製造過程で大量の粉塵が発生しますから、もしそれをゼロにできるのであれば、まさに「非常識な」工場ということになります。

別の製造業では、「裸足で歩けて、赤ちゃんも這い回れる居心地のよい会社を目指す」と決めて、長年活動を進めてきましたが、実際に今では、社員の赤ちゃんが工場内を這い回っています。

ある石材会社では、「人に見せたくなる現場、工場、展示場、車両、事務所を目指す」と決めて、その1つの指標として、「3年後に同業者が(キレイだと評判を聞きつけて)見に来る」というのを掲げました。

この目標設定について、社長が1人で決めて社員に呈示するよりも、皆で話し合って決めたほうがいいと思います。そのほうが納得感があり、「自分たちで決めた目標に向けて頑張ろう」という気持ちになるものです。トップダウンでは押しつけになり、「やらされ感」につながってしまうおそれがあります。

10　事務局と議事録

事務局は縁の下の力持ち

〝そうじ〟を組織内で進めていくにあたって、意外に見落とされがちで、意外に有用なのが、事務局と議事録です。

たとえば、○月○日に、全員参加で倉庫内の整理・整頓を行うとします。決めたことだから、黙っていても、皆がこの日にきちんと集まるか、というと、そうはうまくいかないものです。うっかり忘れていたり、お客様とのアポイントを入れてしまったり、ということは、よくあります。

こうしたことを防ぐために、事務局が、あらかじめ活動日のアナウンスをするのです。

定期的に活動報告書の提出を推進メンバーに求める場合には、事務局が報告書を取りまとめます。

提出締切日が決まっていても、放っておいて全員が締め切りを守るなんてことは、超一流の企業でない限り、ありえません。

議事録は推進のみちしるべ

また、事務局の重要な役割として、議事録の作成があります。

〝そうじ〟推進のためのミーティングなどを行う際には、必ず議事録をつくります。言いっ放し、聞きっぱなしでは、情報がその場で流れてしまい、後に残りません。せっかくよい話し合いをしても、記録が残っていなければ、見返すことができず、結果として決めたことを実行できなかったり、抜け漏れがあったりするものです。

ただ、この議事録も、精緻で詳細なものをつくる必要はありません。要点だけ押さえた簡潔明瞭なものがよいでしょう。

議事録に記入すべき要素としては、会議などの日時、場所、記録者、出席者、議題、決定事項、宿題事項（次回までに取り組むタスクなど）、今後の日程、くらいでよいでしょう。

議事録を作成したら、関係者で回覧し、事務局は折に触れて議事録を見返して、タスクが割り振られたメンバーに進捗状況を尋ねる、などのアクションを起こすことが望ましいです。

事務局を置くことで、〝そうじ〟の取り組みが力強く推進されていくと同時に、事務局に任命された社員が、組織運営のノウハウを学べる、という利点もあります。多くの企業で、事務局としての仕事をうまく切り盛りできる人は、実務においても優秀であることが証明されています。

第4章

“そうじ”の取り組みによって組織風土改革が実現した事例

1　消極的だった社員が積極的になり、互いに協力し合い、創意工夫する風土に変わった事例

有限会社ファイン

福井県鯖江市の有限会社ファイン。メガネフレームやジッポーライター、アイフォンカバーなどにデザインを印刷する、社員10人ほどの、特殊印刷の会社です。

8年ほど前から、私がお手伝いして〝そうじ〟をつうじた組織風土改革の取り組みを行っています。

インクまみれの工場

当初は、壁といい、床といい、機械といい、工場中にインクが飛び散っていました。印刷会社なので、それが当たり前、それほどひどくはない、というのが、社員さんたちの感覚でした。

社内の雰囲気は、それほど悪いという感じではありませんが、かといって、明るく積極的、という感じでもありません。

同社の藤井高大社長は、この小さな会社を、もっともっと自信が持てる会社にしたい、という想いで、私にオファーをくれました。

まずは不要なものを捨てる

まずは、セオリーどおり、整理、つまり、不要なものを捨てることからスタートしました。

当初、工場内には、１人の作業者につき、２台の大柄なスチールデスクがありました。「以前からなんとなくあった」というものですが、使い道を聞いてみると、作業途中の製品を一時的に載せたり、伝票を書いたりするためのものだとのこと。であるならば、２台も要らない、ということで、まず1台にしました。その後、少しして、この1台も大きすぎるということで廃棄し、代わりに、社長の手づくりによる小ぶりなワゴンを、１人の作業者につき1台用意しました。これで、スペースがかなり拡がり、以前は通路も満足に確保できなかった工場内に、余裕ができました。

また、製品を印刷する際に使う「版」が大量にストックされて、場所を取っていました。中には、既に取引がなくなった取引先の版があったり、廃盤になった製品の版があったりしました。これらも、整理をして、実際に使っている版のみにしました。

以前は、ある部屋に、不要物やわけのわからない不明物が大量に積んであったのですが、それらを廃棄することで、まるまるその部屋が空き、現在ではその部屋は、「インク部屋」に生まれ変わっています。有機溶剤の調合などは、その部屋で行い、換気システムもしっかりしているので、工場内に印刷工場特有のシンナー臭がありません。

こうした不要物を廃棄するのに、軽トラックで往復数回かかったでしょうか。その分だけ、工場内が広くなったということです。

〔図表24　床にこびりついたインクをスクレーパーでこそげ落す〕

インクをこそげ落とす

また、壁や床にこびりついたインクも、落としました。強いインクを使っているので、一度乾いてしまうと、溶剤を使っても落とすことはできません。だから、スクレーパーを使って、こそげ落とすのです。けっこう、大変な作業です。

印刷するPADという機械があるのですが、そこにもインクがべっとりついていました。当初、PADは段ボールで覆われていました。インクが飛び散ってもいいように、カバーをしているのです。でもそれだと、「汚しても構わない」という意識になり、余計に汚してしまうので、カバーをなくしました。露わになった機械の表面にも、たくさんのインクがついていたのですが、これも、スクレーパーで落としました。

おかげさまで、床も壁も機械も、インク汚れがなくなりました（図表24）。

こうしてキレイにしてみると、もう汚したくない、という気持ちになります。だって、かなりの労力でキレイにしたのですから、同じような苦労はしたくないのです。だから、汚さないように、丁寧に作業するようになります。すると、当然、つくる製品の品質も、よくなります。

床をDIYで塗り直す

床については、汚れを落としたあとに、キレイにペンキを塗り直しました。塗る前に、業者さんに塗ってもらうか、自分たちでDIYするか、議論があったのですが、結論として自分たちでやることにしました。それは、自分たちで手をかけたほうが、大切に使うからです。

業者に頼んだほうが、仕上がりはよいです。持ちもよいかも知れません。でも、それだとありがたみが薄く、大切にしない、ということがあります。でも、こうして自分たちで苦労してつくり上げたものは、その後も大切に使います。

もう1つ、自分たちでやることのメリットは、塗る過程で、皆でたくさんの会話をする、ということです。色は何色にするのか、どんな種類のペンキを選ぶのか、いっぺんには塗れないので、どのようにエリア分けして塗るのか、作業分担はどうするのか、などなど、色々な話し合いをします。そして、実際に塗る際にも、ワイワイ言いながら、楽しく作業をすることができます。

床のペンキを塗り直したことで、工場内の印象はガラッと変わりました。さらに、こまめに床を雑巾がけしているので、床は常にピカピカの状態が保たれています。

〔図表25　清潔で整然とした現在の工場〕

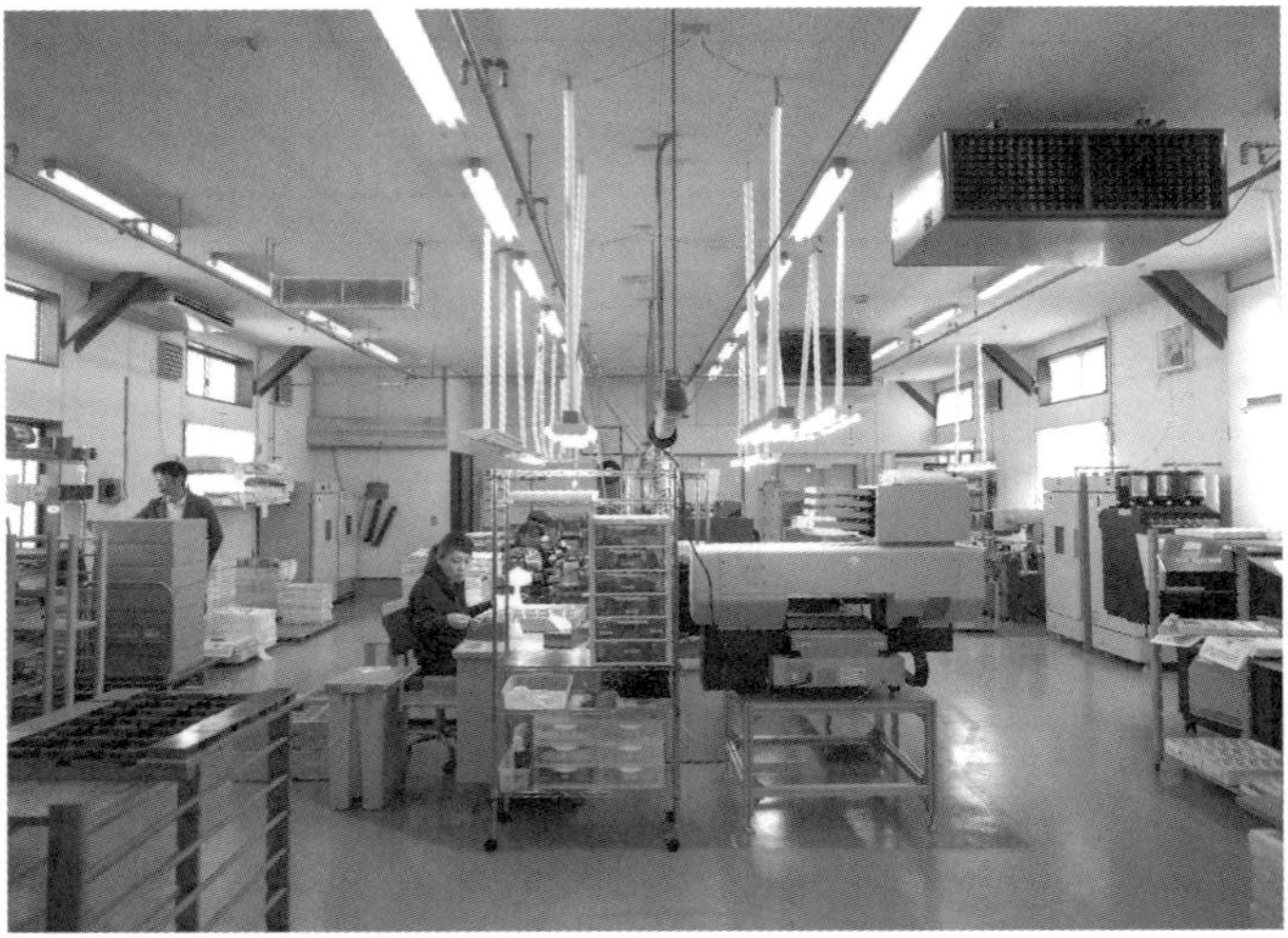

同社では、1つの目標として、「裸足で歩けて、赤ちゃんも這い回れる居心地のよい会社」というのを掲げたのですが、今では、それは実現されています。社員が自分の子どもを連れてきて、工場内で遊ばせているのですが、子どもたちは当たり前のように裸足で駆け回っています（図表25）。

社員が積極的になってきた

とはいうものの、同社でも、最初から社員が〝そうじ〟に前向きだったわけではありません。活動開始当初は、「そうじなんか面倒くさい」「そうじをするくらいなら仕事をしたい」「そうじなんて立派なことは自分にはできない」というような意見もありました。

そんな状況の中、ある女性社員が、「どうせやらないといけないのならば、楽しくやろうよ！」と声を上げたところから、雰囲気が変わりました。

たとえば、道具を定位置化する際に、単に表示と標識をほどこすだけでなく、絵やキャラクターを使ってコミカルに定位置化するのです。よい意味での遊び心です。他の社員さんたちも、どんどん「遊んで」いきました。

同社の中で、〝そうじ〟をつうじて一番変わったのが、男性社員のKさんです。それまでKさんは、仕事に対して今1つ自信がなく、ミスも多かったのですが、〝そうじ〟プロジェクトのサブリーダーを任命されたことが転機となりました。

ご本人が言っているとおり、どちらかといえばそうじは苦手だったKさん。でも、サブリーダーに任命されたからには、やってみよう、と思い、熱心に取り組みはじめました。サブリーダーとして、周りの社員にも積極的に声をかけるようになりました。こうしたことを通じて、彼はどんどん明るく積極的に変身していきました。

Kさんらの発案で、会社周辺のゴミ拾いを皆で行うようになりました。また、高架下の橋脚などの落書きを消す活動も、はじめました。

年に1回、〝そうじ〟の外部向け発表会を行っているのですが、Kさんはプレゼンターとして、ユーモアを交えながら、堂々と、わかりやすく、発表をしてくれます。現在のKさんは、営業職として、あちこちを飛び回り、受注を獲得する優秀な営業マンになっています。

そしてこの外部向け発表会が、同社の〝そうじ〟の取り組みにおいて、重要な役割を果たしてい

〔図表26　明るい雰囲気の工場玄関〕

ます。単に他人に見られるからキレイにしよう、ということだけでなく、せっかく来てもらったのだから、大いに楽しんでもらおう、とさまざまな仕掛けを工夫しているのです。

明るく楽しい社風に変わった

藤井社長やKさんは、この〝そうじ〟の取り組みを振り返って、次のように語っています。

以前の同社では、作業中になかなかコミュニケーションが取れず、悪口や陰口、不平不満などもあったといいます。しかし、一緒にそうじをすることで、和気藹々としたよいコミュニケーションが取れるようになり、チームワークのまとまりができてきた、とのこと。もちろん、個々人の積極性も出てきています。

実務上も、多くの成果が出ています。

整理とは、無駄をなくすことです。整理を進めていった結果、作業の効率が上がりました。また、整理とは、何を捨てて何を残すのか、きちんと選別する、ということでもあります。同社においては、業務や製品のラインアップを見直し、高単価商品にシフトしていくことで、高利益体質に変わりつつあります。残業時間は減り、年間休日数は増えています。

同社では、毎朝30分間のそうじに加えて、週に1回、2時間のそうじ、そして月に1回、半日のそうじを続けています。これだけそうじを行えば、だんだんとネタがなくなってきます。そこで、掃いたり拭いたり、置場を整えたり、といったことに限らず、そうじをする中で気づいたことをどんどん挙げていくようにしました。いわゆる「改善提案」です。

この改善提案にも、同社の特長が現れています。明るく楽しいのです。

たとえば、工場の玄関を入ると、すぐに目に入るのが、手書きのウェルカムボード。そこに、今日の占いが書いてあったり、格言が書いてあったり、クイズが書いてあったりします（図表26）。目にすると、思わずクスッと笑ってしまいます。

また、社長と社員全員の笑顔の顔写真と名前、プロフィールがボードに飾ってあり、ひと目見て、明るい会社だということがわかります。

同社の想いは、「自分たちの会社は自分たちでつくる」「小さくても誇れる会社にする」ということ。そのために、〝そうじ〟が欠かせない役割を果たしているのです。

2　離職率が高い3K職場が、定着率が高く採用も容易な優良企業に変わった事例

株式会社マツバラ

岐阜県の鋳造メーカー、株式会社マツバラ。昭和25年創業、現社長が4代目という、老舗の企業です。社員数は約150人。

同社を私が最初に訪れたとき、松原史尚社長いわく、「当社はそうじに力を入れている。現場もキレイだ」とのことでした。

ところが、実際に工場見学をしてみると、ずいぶんと汚いのです。同業他社に比べればキレイなほうだったのかもしれませんが、私の目からは問題が多いように映りました。

粉塵まみれの工場

鋳造業というのは、原材料となる鉄をキューポラ（炉）で1500〜1600℃という高温で熱して溶かし、それを鋳型に流し込んで製品をつくります。鋳型は砂を圧縮してつくり、そこに真っ赤な鉄のお湯を流し込み、冷めたら鋳型を割って製品を取り出します。

そのため、製造工程で大量の粉塵が発生します。粉塵は、鋳型の砂だけでなく、鉄の蒸気（ヒュー

ム）、そして熱源として使用する石炭（コークス）からも発生します。

工場内の床・壁・天井の梁に、これらの粉塵がたっぷりと積もっていました。多い所では20センチくらい積もっているところもありました。鋳造工場においては、これがごく当たり前の光景だということですが、私の目には、異常な世界に思えました。

問題は粉塵だけではありません。工具やホウキなどの定位置が決められておらず、あちこちに散乱していました。原材料なのか廃棄物なのかわからないような状態のところもありました。

私が最初に社員さんたちに対して、「そうじに取り組もう。そうすれば会社は必ずよくなる」という講義をしたときの彼らの反応は、「鋳造業だから仕方がない」「日々刻々粉塵が舞っているから、いくらそうじしてもキレイにはならない」、というような反応でした。

同社においては、〝そうじ〟の取り組みを「おそうじパワーアップ活動」と名付け、「おそうじ委員会」を編成して活動がスタートしました。

経営の最重要課題としてそうじに取り組む

取り組み開始にあたって、松原社長にその思いを「宣言文」として書き出し、社員全員に示してもらいました。

そこには、「平成22年4月、経営の最重要課題として、全社一丸のそうじに取り組むことを宣言する。技術、品質、安全、納期、環境、営業、すべての基本はそうじにあると心得て、未来永遠に取り組む課題として位置づける」とあります。そして、「粉塵ゼロの非常識なクリーンファンドリーを目指す」と目標を定めました。

同社では、昼夜二交代で製造を行っているため、まとまったそうじの時間を取ることができません。そのため各人が、製造作業のちょっとした合間に、ホウキをもってそうじをしています。

また、受注状況をみながら、可能なときには、月に1回、ラインを止めて全員でそうじをしています。そうすると、普段はなかなか手の届かない部分のそうじができます。

活動をはじめて、当初20センチほども積もっていた床の粉塵はなくなり、今は床面が光っています（図表27、28）。作業に使う道具も、1つひとつ定位置化を進めています。

すると、すぐに波及効果が現れました。まず、ある部署の粉塵レベルが下がり、防塵マスクが不要になったのです。夏場はかなり高温になる鋳造工場において、防塵マスクをしながら仕事をするのはつらいものです。

また、「不良率が大幅に低減」「事故やケガが減った」「生産性が上がり、毎月の生産量が増えた」などなど、いろいろな目に見える効果が出てきました。

また、お取引先が商談で来社されると、工場内を見学されます。すると、鋳造工場とは思えないキレイさに感動して、すぐに商談がまとまるのだそうです。やはり製造業において、現場がキレイだというのは、その工場の信頼性を担保する証明書のようなものなのです。現場がキレイならば、ミスが少なく、品質がよく、納期も順守されるということが期待できるのでしょう。

〔図表27　粉塵が積もった以前の床面〕

〔図表28　粉塵のない現在の床面〕

人が育ってきた

しかし、松原社長いわく、何よりよかったのは、人が育ってきたことだと言います。

そうじというのは、誰でもできるものです。役職や肩書が上の人が、高級なそうじができるということはありません(笑)。今日入った新人でも、前向きな気持ちさえあれば、そうじはできるのです。その期待を込めて、委員会メンバーに社歴の浅い人や若い人を選んだのですが、彼らは見事に期待に応えてくれました。彼らが一生懸命にそうじに取り組む姿を見て、周りのベテランたちも、「自分たちもやろう」という気持ちになります。

すると、社歴の浅い人や若い人たちは、「自分にも周りによい影響力を与えられるんだ」という自信がつきます。つまり、リーダーシップを発揮できるのです。そしてその自信を基に実務に臨みますから、実務上のステージも、どんどん上がっていくのです。

じっさい、そうじに熱心に取り組んだ人たちが、実務においても、各部署で中心的な役割を果たすようになってきています。

定着率が向上した

こうして若手が育ってきた結果、同社の社員の定着率は飛躍的に向上しました。

今では、人が辞めないばかりか、募集をかけると定員を大幅に上回る応募があるのだそうです。

結果として、大量に注文が舞い込んだとき、同業他社が人手不足を理由に失注する分まで同社が受注することになり、売上や利益に貢献しているといいます。

女性の活躍も、同社の特長です。さすがに現場には女性はいませんが、鋳型を設計する部署や、品質を担保する部署など、現場をサポートする重要な部署で、たくさんの女性が働いています。彼女たちも、そうじに積極的に取り組んでいます。

余談ですが、多くの女性社員が出産や育児を経て、職場復帰して活躍しています。中小企業としては、極めて珍しい事例だと思います。

半期に1回の発表と表彰

同社では、半年に1回、「おそうじパワーアップ活動」の発表会&表彰を行っています。

各グループが、この半年間に注力した活動をプレゼンし、実際の現場の整理・整頓・清掃状況と合わせて会長や社長、副社長が審査し、点数化します。上位３グループをそれぞれ「金賞」「銀賞」「銅賞」として表彰するのです。

この表彰式が、毎回、なかなか盛り上がります。金賞を受賞したグループはガッツポーズです。逆に惜しくも銅賞を逃したグループは悔しがります。この発表会も、ずっと続けているので、同社の風物詩になりつつあります。

ここでユニークなのは、事務系と現場系が、同じ基準で審査されること。当然、現場系のほうが環境条件が厳しいので、不利です。火花と粉塵が舞い散る現場をピカピカにすることなど、とてつ

〔図表29　社長を囲んでのパワーランチ〕

もなく困難です。それでも現場系は、頑張っています。

各部署とも、ただそうじをしてキレイにするだけではありません。粉塵が発生しないように、カバーをつけたり、受けを設置したり、砂が飛散しないようにミストを噴霧したり、といった発生源対策にまで踏み込んだ「改善」も、どんどん進めています。

パワーランチ

また、毎月1回、「パワーランチ」が開催されます。これは、松原社長をはじめ、委員会メンバーが一堂に会し、豪華弁当を食べながら「そうじ」をテーマに懇談を行うものです。150人規模の会社になると、なかなか社長と親しく話をする機会も少ないものですが、このパワーランチこそが、貴重なコミュニケーションの場になっています（図表29）。

社長の実践

同社における取り組みの成功要因は何だったのでしょうか？ いくつか考えられますが、その中で一番大きいのは、松原史尚社長ご自身の実践でしょう。

松原社長は、毎日必ず30分間そうじをされています。会社にいるときには、工場内を回って、真っ黒になって粉塵の除去をしたり、トイレそうじをしたりされています。出張などで外に出ているときも、出先で30分間ゴミ拾いをされているのだそうです。

松原社長のコメントです。

「一番大きく成長し、変化したのは社長である私自身です。いくら社員にやれと命令しても、私自身が動かなければ本気度は伝わりません。毎日、ただ黙々とそうじを続ける。謙虚に指摘を受ける心、黙って人の話を聞く心、ただ社員の計画を喜び、そして成果を喜ぶ心、このそうじの活動をつうじて私自身が大きく成長してこれたと実感しています。社長が変われば会社が変わる。その結果が今の『にこにこサイクル』がどんどん廻っていることにつながっているのではと感じます」。

まだまだ、「粉塵ゼロ」にはなっていません。「非常識なクリーンファンドリー」を実現するためには、今以上の徹底した取り組みを、何年も何年も続ける必要があります。松原社長も、その覚悟で頑張っておられます。

3　部門間の壁や職位の壁がなくなり、新たなリーダーが生まれてきた事例

歴史のある会社・石見交通株式会社

島根県益田市を本拠とし、島根県西部の路線バスと、広島や大阪、東京などへの長距離バスを運行する、石見交通株式会社。昭和19年に設立された伝統ある会社です。

バス会社だけでなく、ガソリンスタンド運営会社、プロパンガス供給会社、旅行代理店など7つのグループ会社を持ち、単体でも195名、グループ全体だと320名になる、企業グループです。

歴史のある会社だけに、当初は、事務所にも、書庫にも、倉庫にも、整備工場にも、モノがあふれていました。

まずはセオリーどおり、整理、つまり、不要なものを捨てることからはじめました。

事務所内は、当初は、デスクの上に書類が山積みでしたが、それを整理し、「机上ゼロ」にしました。

書庫には、昭和○○年と書かれた茶色く焼けた書類がパンパンに詰まっており、それらをいったん全部出して、整理をしました。軽トラックで何往復もするくらいの書類を、捨てました。

ただ、公共交通を担う会社だけに、古いからといって捨てられないものもあり、永久保存しなければならないものは、それを背表紙に明記して、わかりやすく書棚に並べました。

オバケ屋敷がおしゃれな部屋に大変身

圧巻だったのは、整備工場です。バスは、相当な距離を走りますので、定期的に点検して、必要な消耗部品を交換しなければなりません。その消耗部品を保管している部品庫が、すごかったのです。

当初は、まさにゴミ屋敷というかオバケ屋敷でした（笑）。乱雑に部品が置かれて、床面にも部品が散乱しているため、足の踏み場もありません。まさに、「わかる人にしかわからない」状態です。

そこで、これらをいったん全部出しての整理、整頓がはじまりました。といっても、ものすごい量です。広い工場内に、ブルーシートを敷き、そこに部品庫のモノを出していきました。1つひとつを手に取って、使うものなのか使わないものなのかを確認し、使わないものは処分していきました。

その結果、オバケ屋敷だった部品庫は、みごとに、「誰が見てもすぐにわかる」部品庫に生まれ変わりました。棚の横面には「地図」が描かれており、どの部品がどこにあるのか、すぐにわかるようになっています（図表30、31）。

そして、実際の棚には、部品名と部品番号、そして、実物大のカラー写真が取りつけてあるので、新人でも、視覚的にわかるようになっています。

また、整理、整頓がおおかた済んだところで、棚板と床面、壁面を、自分たちの手で塗り直しました。おかげで、当初、薄暗かった部品庫が、明るく清潔な空間に生まれ変わりました。

〔図表30　以前の部品庫〕

〔図表31　現在の部品庫　カラフルに塗装されている〕

部門の壁を超えて一緒に活動

同社の取り組みの特長は、各部門の若手社員を、「そうじの力委員会」のメンバーとして積極登用したことです。従来の役職や肩書にとらわれずに、あえて、元気のよい人たちを選びました。その若手主体の委員会メンバーが、それぞれ、部門間の壁を超えて、お互いに協力しながら活動を進めました。

たとえば、先述した部品庫の整理、整頓。膨大な分量のモノを運び出して、それらを仕分けるのは、かなりの重労働です。これを、工場の整備員だけでやるとしたら、大変です。そこで、経理や総務、運行管理などの事務部門のメンバーも、ジャージやツナギを着て、整理に参加しました。人手がいれば、少ない人数よりも、ずっと楽に作業することができます。そして当然そこで、いろいろな会話が生まれます。

バス停の整備も、複数の部署が共同で行っています。各地にあるバス停。中には、木製の標柱が朽ちているものや、時刻表がはげているものもあります。朽ちている木製の標柱を処分し、金属製の標柱に変えます。古い時刻表をはがしてキレイに磨き、新しい時刻表を貼りつけます。屋根つきのボックス型のバス停の場合、中にゴミが溜まっていたりします。それをキレイにそうじして、アクリル製の窓も、ピカピカに拭き上げます。

これらを、直接の管轄の営業所の社員だけでなく、経理や総務などの女性社員も一緒に行うのです。普段は、部門が違えば、ほとんど会話もしません。名前もうろ覚えでしょう。でも、こうしたそうじをつうじて、コミュニケーションの機会が増えます。お互いに、感謝と信頼が生まれます。社内の横のつながりができてきたのです。

グループ会社すべてで活動

さらに、同社の場合、グループ会社すべてでそうじに取り組みました。「そうじの力委員会」には、各社から選ばれた、やはり若手主体の委員会メンバーが入っています。毎月1回、委員会の勉強会が開催されるのですが、そこには、各社の委員会メンバーも参加します。

また、勉強会は持ち回りで開催されるので、グループ会社も含めて、いろいろな会社に委員会メンバーが出向くことになります。

当番の会社の状況を、参加者全員で見て回り、よくできている点は誉め、課題点については、改善策を提案していきます。

普通、同じグループとはいえ、会社が違えば、顔を合わせることも少ないでしょう。しかし、こうした活動を通じて、グループ内の横のつながりも出てきました。グループとしての一体感が生まれてきた、といっていいでしょう。

運転士たちの積極参加

もう1つの特筆すべきことがらは、運転士たちの参加です。

運転士はシフト制勤務だったり、移動が多かったりという難しい事情があり、当初は、そうじの活動に参加していませんでした。しかし、バスをキレイにしようと声かけしていったところ、少しずつ、賛同者が増えてきました。

もともと、当日の運行終了時に、バスの洗車はしていました。大型のバス専用洗車機がありますので、そこを通すわけです。

それに加えて、バスの内部も、徹底的にそうじするようになりました。天井についている換気扇は、カバーを外し、内部のファンも取り外して、拭き上げます。座席の座面を取り外して、奥に溜まっているゴミを除去し、座面の裏も拭き上げます。このバスのそうじには、運転士だけでなく、事務部門や女性社員も一緒に加わっています（図表32）。

今では、数人の有志の運転士により、毎月１台のバスのそうじが企画運営され、彼らによって、壁新聞も発行されています。また、運転士たちは、バスのそうじだけでなく、構内の草むしりや駐車場整備などにも、積極的に参加してくれています。

委員会メンバーが将来の会社の中心

こうした活動のおかげで、バスの事故が減ったといいます。特に、有責の車内事故が減ったとのこと。バスの車内で、お客様が転倒されたりしてケガを負うことを車内事故と呼ぶのだそうですが、それがめっきり減ったそうです。

〔図表32　運転士や女性事務員らが一緒にバスのそうじ〕

思うに、おそらく、バスの車内外を徹底的にそうじすることをつうじて、丁寧な気持ちが芽生え、それが安全運転にもつながっているのではないでしょうか。

同社の小河英樹社長は、〝そうじ〟の活動を振り返って、次のようにコメントしています。

「既存の会社の組織とはまた違う、部署やグループを横断した委員会をつくり、若手を登用したことがよかったです。委員長や委員会メンバーが、周りを巻き込んでやっている。それを見た他の人も、自分もやろうという気になる。

皆が楽しい雰囲気で取り組めています。委員長や委員会メンバーが、間違いなく将来の会社の中心になるだろうと思っています」。

4　社長不在の1年半を全員経営で乗り切り、過去最高売上を記録した事例

株式会社小河原建設

東京都中野区の株式会社小河原建設。大型の鉄筋コンクリ物件を手がける特建部門と、個人の注文住宅を請負う住宅部門の２部門から成る、社員30名ほどの工務店です。

同社では、経営の一番の重点方針として「環境整備」という呼び名で〝そうじ〟に取り組んでおり、その目的を「心を通わせ、仕事のやり方、考え方を気づく場」としています。

私がお手伝いをはじめた当初は、ご多分に漏れず、モノが多い状況でした。

使わないものは捨てる

事務所のデスクの上には、図面をはじめとして、さまざまな書類が山積みになっていました。倉庫には、建築資材があふれかえっていました。建築現場の状況も、あまりよいものとは言えませんでした。

まずは、整理です。書類を1つひとつ手に取って、要るものと要らないものに仕分け、要らないものを捨てていきました。すると、これまで書棚がパンパンに詰まっていたのですが、一段が空に

なり、また一段が空になり、というふうに、スペースが拡がっていきました。

当初、それぞれのデスクとデスクの間には、パーテーション（仕切り板）がありました。そのほうが、自分の仕事に集中できるから、というのが、その理由でした。しかし、パーテーションがあると、お互いの顔が隠れてしまい、会話がしにくくなります。そこで、パーテーションを撤去することにしました。

撤去してすぐのころには、お互いの顔が間近に見えて照れてしまう（笑）、というような感想も聞かれましたが、慣れるにしたがって、会話がしやすくなり、コミュニケーションがよくなった、という感想に変わっていきました。

やっかいだったのは、倉庫です。工務店という職種がら、どうしても、現場で余った材料などが溜まります。「取っておけば、いつか使える」と思って取っているのですが、結局、使わないことがほとんどです。汎用性の高いものならば、次の現場で使えるのですが、デザイン性の高いものなどは、別のお客様の現場では使えないことがほとんどです。

また、中には、誤発注や仕様変更などで余ってしまった材料などもあるのですが、これこそ、汎用性が低く、別の現場に転用することが困難です。

私は、整理の大原則である、「使える、使えない」での判断ではなく、「使う、使わない」で判断しましょう、と説いて、社員さんたちに、使うあてのない材料を処分するように、促していきました。

その結果、4トントラック数杯分のものを、処分しました。

また、今後、同じようなことを繰り返さないために、引き揚げた材料の管理方法を見直しました。現場から持ち帰った材料を、ホワイトボードに記入し、3か月後に処分することとして、処分の期限を明記しました。こうすることで、他の現場監督も、どんな材料があるのかひと目でわかるので、もし、転用できるものがあれば使いますし、結局、誰も使わなかったものは、期限が来たら捨てることができるので、溜まることはありません。

東京一キレイな現場を目指して

同社では、「東京一キレイな建築現場」を目標に掲げています。その1つの指標として、「素足で歩ける現場」を目指しています。

当初の現場は、さほどキレイではありませんでした。たとえば、丸ノコの歯が、むき出しになって床に転がっています。エアホースや電源コードが複雑にからみあって、床面を這っています。窓のサッシに、釘やビス、カナヅチなどがチョイ置きされていました。素足で歩けるどころではありません。キレイか汚いか、という以前に、危ないわけです（図表33）。

とにかく、床面からものをなくそう、ということを徹底しました。刃物は、使い終わったらカバーなどをかけて所定の場所にしまいます。コード類は、引っかかって転んだりしないように、できるだけ床面を這わさずに、上部を通すようにしました。工具は、それを使う作業が終わったら、その都度、所定の位置に戻すようにしました。そして、1日5回、そうじを行っています。

〔図表33　以前の建築現場〕

〔図表34　現在の建築現場　素足で歩ける〕

その結果、今では、本当に素足で歩ける現場が実現しています（図表34）。業界団体の主催する「魅せる現場コンテスト」で、最優秀賞も獲得しました。

単にキレイなだけでなく、安全対策も万全です。二階部分は、工事途中での転落防止のために、頑丈な仮柵を設けています。足下も、段差や突起物などでケガをしないように、「足下注意」のサインを貼りつけています。

実際にそうじをするのは大工さんや設備屋さんなどの職人さんたちですが、彼らに「そうじをちゃんとしてね」と指示や依頼するだけでは、実現できません。具体的な整理、整頓、清掃方法についてのマニュアルをつくり、それを職人さんたちに渡しています。もちろん、それだけでは不十分で、同社の社員である現場監督自らが暇を見てはそうじをしています。そうした姿勢が、職人さんたちにも伝わり、「素足で歩ける現場」が実現しているのです。

キレイな現場が評判を呼び、ご近所からの注文や、紹介での注文が増えています。

以前は、事故やケガ、納期遅れなどが多かったそうですが、今ではもちろん、そういうことは、ほとんどないそうです。

プロジェクトチームが主導

こうした〝そうじ〟の取り組みを、トップダウンで命令するだけで、うまくいくはずがありません。同社では、「環境整備プロジェクト」を組み、毎年、リーダー１人とサブリーダー２～３名を任命しています。リーダーたちは、年度の当初に、当該年度のテーマを決め、そのテーマに則って、何をどのように行うのか、方針と計画を立てます。

その中には、毎年必ず行わなければいけないことと、自由に決めてよいことが含まれています。近所の公園のトイレそうじや周辺地域のゴミ拾いなどは、彼らリーダーたちが自発的に企画した活動です。

「東京一キレイな現場」や「素足で歩ける現場」という目標も、決してトップダウンのものではありません。社員全員で、話し合い、案を出し合って、皆で決めた目標なのです。

こうしたことを何年も繰り返していくうちに、社員さんたちの中に、積極性や自主性、問題意識、協調性などが育まれてきたように感じます。

社長が変わって会社が変わった

ところで、同社でおもしろかったのは、小河原敬彦社長とのやり取りです。

当初、事務所には「社長室」というものがありました。事務所の一画をパーテーションで囲い、社長がそこに籠ってしまうのです。私がその理由を尋ねると、「社員に見られると困る書類がある」とか「銀行が急に来られたら困る」というようなことをおっしゃっていましたが、私には大した理由に思えませんでした（笑）。

そこで、そのパーテーションをなくすことをおすすめしたのですが、社長はなかなか首を縦に振りませんでした。

しかし、そんなやり取りを数か月続けたある日、パーテーションが撤去されていました。社長のデスクと社員さんたちのデスクが、ひと続きになりました。これで、雰囲気がガラッと変わりました。社長と社員さんたちの距離が縮まり、コミュニケーションが格段によくなりました。

ある社員さんは、「あれが、わが社の転機だった」と言っています。パーテーションを撤去したということは、社長なりのこだわりを思い切って捨てた、ということでしょう。社長が本気になったわけですから、社員さんたちにもスイッチが入ります。

会社存亡の危機

さて、そんなふうに〝そうじ〟を通じて会社がだんだんとよくなってきた矢先に、同社にとって最大の危機が訪れます。

小河原社長が、大きな事故に遭い、大ケガを負ってしまうのです。脊椎の損傷で、下半身にマヒが残ってしまいます。

社長は、治療とリハビリのため、およそ1年半の間、会社を不在にしてしまいます。中小企業にとって、社長の存在は絶大です。社長がいなければ、業務は回りません。ある社員さんは、取引業者から、「残念だけど、君の会社は潰れるよ」と言われたそうです。

ところがどっこい、「自分たちがやるしかない！」と奮起した社員たちが頑張り、この社長不在

〔図表35　復帰した小河原社長を囲んで〕

の1年半に、なんと、過去最高売上を記録してしまったのです。

なぜそんなことができたのでしょうか？

留守を預かった専務さんは、それこそ、「そうじの力」だった、と述懐しています。

「企業は色々な価値観を持つ人の集まりです。放っておけばベクトルはバラバラです。ところが、環境整備をすることで、そのベクトルが合うのです。たかがそうじ、されどそうじです。ただ、1つの難点は時間がかかるということ。当社は幸いなことに間に合いました。社長が不在になるまでに、既に3年以上の蓄積がありました。おかげで、この危機を乗り越えることができました」。

現在、小河原社長は会社に復帰され、車イスながら、元気に会社のかじ取りをされています（図表35）。

5 業界の常識を破る大型店舗での「不良在庫ゼロ」を実現した事例

地元で人気のホームセンター・西村ジョイ株式会社

香川県高松市を本拠とし、香川県を中心に近県も含めて11店のホームセンターを展開する、西村ジョイ株式会社。地元では知らない人はいない、人気のホームセンターです。

全従業員数は650名。そのうち約半数はパートです。大型店ともなれば、敷地面積は6000坪、働く人の数は100人を超えます。規模の大きさや、正社員比率が約半数という構成などから、会社方針などを末端にまで浸透させるのは、容易なことではありません。

同社では以前から、「10S」と称して整理、整頓、清掃……の取り組みをしていたようですが、私が最初に訪れたときには、あまり浸透しているようには見えませんでした。なにせ、私が社員さんたちに、「10S」のそれぞれのSを言ってみてください、と問いかけたところ、最後の10のSまで正確に答えられる人はいなかったのですから(笑)。

お客様の目に触れる売場はキレイで整っていました。さすがに人気のホームセンターだけあって、社員の接客態度のレベルも高かったです。問題は、バックヤードや事務所など、「見えない所」です。

それこそ、最初の「S」である、「整理」からやり直しました。

「わけのわからないもの」をなくす

最初のころ、店舗のバックヤードや事務所などを歩きながら、よく私は、「これは何ですか?」という質問をしました。つまり、よくわからないものがたくさんあった、ということです。よくわからないということは、要するに使っていないもの、不要なものだということです。こうしたものを、徹底的に処分していきました。

木材を、お客様のご要望に応じてカットしたり加工したりする工作室というのがあります。当初、工作室は、ひどい状態でした。何かの予備のために、ということで取っておいた木片がたくさんあり、スペースを狭くしています。工具類も大量にあり、使っているのか使っていないのかわからないようなものも、たくさんありました。

パネルソー(大型カット機)の裏側には、大量のオガクズが溜まっていました。不要な木材は捨てて、スペースを拡げました。

工具類は、引き出しの中にいっぱい詰まっていたのを、いったん全部出して、本当に使うものだけにして、すべて壁にかける方式に変えました。オガクズも、徹底して清掃するようにしました。

木材売場も、汚れるポイントです。特に什器の下部や裏側は、オガクズでいっぱいです。「木材什器の裏側も、オガクズなし」という方針を立てました。陳列されている木材を、いったん出して、隠れていた什器部分をあらわにし、オガクズを掃いてキレイにして、また木材を元に戻します。

商品の陳列棚も、放っておけば、ホコリが溜まります。そこで、毎朝、狭い範囲を決めて、棚の

〔図表36　商品を棚から１つずつ取り出して拭き上げる〕

商品をすべて出し、棚を拭き、商品を拭き上げて、また元に戻します。こうすると、商品の状態がよくわかります。あまり回転していない商品はホコリをかぶっています。逆に、売れて在庫が残り少ない場合には、発注や補充をすることになります。

こうした取り組みをつうじて、「気づき」の感度を上げようとしています（図表36）。

倉庫在庫ゼロ化

同社の特徴的な取り組みが、「倉庫在庫ゼロ化」です。

一般的に小売店では、バックヤードの倉庫に、在庫をストックしています。しかし、それだとおうおうにして、長期在庫や不良在庫が発生します。バックヤードは隠れたところにあるため、気づかないのです。問題が隠されてしまうのです。

また、お客様に在庫を問われたときに、いちい

〔図表37　以前のバックヤード倉庫〕

〔図表38　現在のバックヤード倉庫〕

ちバックヤードに確認に行くのも、ロスです。だから、それをやめました。すべての在庫を、店頭に出すようにしたのです。

しかし、言うは易く行うは難し、です。

今日、ホームセンターは実にさまざまな商品を扱っています。およそ、生鮮食料品以外は何でも扱っているといっても、過言ではないでしょう。１日あたりの商品の出入りの量は、はんぱではありません。これだけモノが動く環境にあって、この「倉庫在庫ゼロ化」は、とてつもなく困難なチャレンジなのです。

それでも、現在、「倉庫在庫ゼロ化」は実現しつつあります。６０００坪級の大型ホームセンターでは、ありえないことです（図表37、38）。

まず、バックヤードから、わけのわからないものをなくしました。当初は、それこそ「これは何ですか？」と質問するネタがたくさんありました。それは、前年の売れ残りの季節商品だったり、長期間使っていない什器だったり、セールの看板の残骸だったり、あるいは、誰かの私物だったりするわけです。およそ、商品以外は、ほぼすべてのものを処分しました。

そして、季節外れの売れ残ってしまっている商品は、チラシを打ったり値を下げたりして、売り切るようにしました。仕入のタイミングや量も見直して適正にしました。

こうなれば、あとは入荷した商品を、どんどん店頭に出せばいいわけです。こうして、倉庫に在庫がない状態を維持できます。

ちなみに、大量に入荷し、どんどん売れる商品、たとえば、トイレットペーパーやボトル飲料などは、倉庫に置いています。店頭にはとても置き切れませんし、バックヤードに置いておいて滞留することもありえないので、倉庫在庫ゼロの例外としています。

店長の意識改革

この取り組みの中で、リーダーシップを発揮できる店長が育ってきました。

店舗は、店長によって運営されています。店長のリーダーシップがよいと、フォローする副店長や次長、マネージャーなどの動きもよくなり、店舗全体がスムーズに運営されます。

私がお手伝いする中で焦点をあてたのは、店長の意識改革です。店舗内で、私が「これは何ですか?」と聞いたときに、即座に店長が答えられれば、店長が店舗を掌握しているということです。一方、「わかりません」という答えの場合は、店長が店舗を掌握できておらず、スタッフがバラバラに動いている、ということになります。

大切なのはコミュニケーションです。店長が、方針やルールを明確に示し、それに従ってスタッフが動いているかどうかをチェックする。任せっぱなしにせず、常に見回って声かけをする。問題が起きたときに、スタッフから迅速にマネージャーや店長に報告があがり、すぐに店長が現場の担当者と一緒に対策を練っていく。

こうした動きを積み重ねていかないと、とても「倉庫在庫ゼロ化」は実現できないのです。

だから、リーダーシップを発揮できている店長がいる店舗では、「倉庫在庫ゼロ化」ができています。一方、リーダーシップに難がある店長の店では、「倉庫在庫ゼロ化」ができていません。

逆にいえば、〝そうじ〟の取り組みをとおして、店長やマネージャーたちに、リーダーシップを学んでもらっている、と言えるかもしれません。じっさい、そうじの取り組みでリーダーシップを発揮した店長やマネージャーたちが昇格して、同社を支える幹部になっています。

またそうじの取り組みは、中途入社者にもよい影響を与えている、と言います。中途入社者は、新卒社員と違って、今1つ「輪の中に入れない」という心理があります。社内での自分の立ち位置を探っている部分があります。

でも、そうじならば、キャリアは関係ありません。役職、肩書、入社形態、経験などに関わらず、やる気のある人は、力を発揮することができます。多くの中途入社者が、そうじの取り組みをつうじて、社内でのキャリアをアップさせています。

社長の意識改革

ところで、先ほど、「店長の意識改革」と申しあげましたが、実は本当に大切なのは、「社長の意識改革」なのかもしれません。

取り組み当初、店舗のバックヤードを回りながら、私が「これは何ですか？」と店長やマネージャーたちに尋ね、それに対して彼らが満足に答えられない。その光景を傍で見ながら、西村久社長は「驚いた」といいます。店舗を統括する立場の店長やマネージャーが、店内のことを把握していないのです。その現実に、ショックを受けたのです。

しかし、それが現実です。店長やマネージャーが店舗のことを把握していないということは、言い換えれば、社長が会社のことを把握していない、ということです。

結局は、社長のリーダーシップ。西村社長も、「まずはトップみずからが変わらなければいけない」と肝に銘じておられます。

6 新入社員リーダーがベテランを巻き込んで社内が活性化した事例

株式会社小池勝次郎商店

埼玉県深谷市の株式会社小池勝次郎商店。農業用資材の小売店「こいけや」1店舗と、農産物直売所「とんとん市場」2店舗を運営し、「日本一農家から感謝される会社」を目指して躍進中の、社員数30名ほどの会社です。

結局は、使っていないものがほとんどだった

私が同社のお手伝いをはじめたときは、ちょうど関東甲信地方で、観測史上最大の大雪が降った

影響で、倉庫代わりにしていたビニールハウスが崩壊した後でした。まずはその倉庫内を整理するところからスタートしました。

屋根がへこんだために、頭を下げながら歩かなくてはいけない状態の倉庫。ところが、置いてあるものの中身を確認してみると、使わないものがほとんど。以前使っていたものの今はもう使っていない什器、メーカーから大量に送られてきて余った景品、紫外線で傷んでしまった長期在庫、などなど。結局、使わないものや扱いに困るものが倉庫に押し込められていた、ということでしょう。これらを、どんどん捨てていきました。

結果、この倉庫代わりのビニールハウスは用無しとなり、解体して更地に戻して、その跡地に、あらたなネギ苗の栽培場をつくりました。これまで「塩漬け」になっていた空間が、整理によってあらたな価値を生むスペースに生まれ変わったのです。

商品倉庫も、当初は乱雑な状態でした。古いカタログやキャンペーン期間を過ぎた試供品、使わなくなった什器なども積んでありました。売れ残って余ってしまった、いわゆる不良在庫もありました。こうしたものを整理していき、棚卸在庫を大幅に減らすことができました。

店舗のレジ回りも、当初は、モノであふれかえっていました。ここはお客様からも見える場所。関係する社員が集まって、何度も改善策を検討し、余計な什器や棚などを処分していきました。あらたに生まれたスペースに、お客様が休憩したりお茶を飲んだりすることのできる、ベンチとテーブルを置くことができました。

同社では、お客様のところに行って、ビニールハウスを組み立てるサービスも行っています。ハウスの部品庫は、当初、足の踏み場もないような状態でした。まずは、使うものと使わないものに分別し、使わないものを処分していきます。ハウスを組み立てる職人さんたちは高齢者が多いため、モノを捨てることに強い抵抗があったと言います。

しかし、「今日入った新人でも、どこに何があるかわかるようにしよう」としつこく説いたところ、職人さんたちも徐々に前向きに取り組むようになってくれています。

一方、経理や労務などの事務員さんたちが働く事務所は、比較的順調に活動が進められたようです。風通しをよくするために、各デスクを仕切っていたパーテーションを取り払いました。共用の書類が、誰でもすぐに取り出せ、元に戻せるように、キャビネの位置も変えていきました。この事務所で働くのは、多くがパートの女性ですが、彼女たちが意見を出し合って、工夫や改善を重ねていきました。

フリーアドレスで雰囲気が変わった

おもしろかったのは、大口顧客を回って営業活動を行う外販部です。

外販部では、詰所のレイアウトが大きく変わりました。

当初は、各人に1台のデスクがあり、全員、外側を向いて座っていました。つまり、全員がお互いにお尻を向けて座る形だったのです（図表39）。整理、整頓を進めていく中で、1人1台のデス

〔図表39　以前の外販部の詰所〕

〔図表40　フリーアドレス化された現在の詰所〕

クを廃止し、真ん中に1台の楕円形テーブルを置き、フリーアドレスにしました（図表40）。外販部の社員は、その前後を振り返り、「正直なところ、個々人のデスクだけは死守したかった。相当な抵抗感があった」と述懐します。

しかし、思い切ってフリーアドレスにしてみると、意外にもメリットが多いことを実感します。「今になってみると、このほうが話もしやすい。以前は、（デスクが外側を向いていたため）お互いが何をしているのかわからなかった。でも今は、（向かい合わせになるので）お互いが何をしているのかがよくわかる。営業に有益な情報も、気軽に交換できる」と言っています。

実際、以前に比べて月間の顧客訪問件数が増え、目標数値に対しても、チームで達成しようという意識が高くなったので、営業成績も伸びているとのこと。

新入社員リーダーの頑張りに、ベテランが応えた

とはいえ、同社でも、〝そうじ〟の取り組みが順風満帆だったわけではありません。整理、つまり余計なものを捨てることが一段落すると、だいたいどこでも、「中だるみ」が訪れます。

それを救ってくれたのが、当時、まだ入社して3か月ほどの新人ながら、環境整備委員会の委員長に任命されたMさんでした。

新人ですから、まだ力不足であることは当然です。当初は、なかなか活動がうまく進みませんでした。ところが、半年くらい過ぎたころから様子が変わり出しました。課題がきちんとこなされる

ようになってきたとともに、他の社員さんたちの表情も明るく前向きなものに変わっていきました。

Ｍさんは、毎日の朝礼で前に出て、何のために環境整備を行うのか、その目的を説明し、取り組んで欲しい課題を提示しました。何か月も何か月も、毎朝続けたそうです。

その熱意に感化されたのが、女性のパート社員さんたちです。ベテランのパートさんたちは、「一生懸命頑張っているＭさんを助けたい」思いで奮起。周囲の男性社員たちのお尻を叩き、社内の活動を推進してくれました。

女性の頑張りが、男性陣を刺激して、雰囲気が前向きに変わっていった、好事例でしょう。

小池博社長は、そうじの活動をつうじて、「トップダウン経営からの脱却」ができつつある、と言っています。そうじを通じて、各所にリーダーが生まれてきていることが、それを可能にしているのでしょう。

7　そうじをつうじて社員同士のコミュニケーションがよくなった事例

フラットな組織・Ｍランド丹波ささ山校

兵庫県の山間、「丹波の黒豆」で知られる丹波篠山市に、Ｍランド丹波ささ山校があります。全国から合宿教習生を受けて入れている、社員数55名ほどの自動車教習所です。

ここで5年ほど前から、〝そうじ〟の取り組みが続いています。

ほぼ全員がインストラクター（教官）でフラットな組織です。常に教習が入っているため、なかなかまとまった時間が取れないのですが、主に朝の時間を使って活動を進めています。

現在、全社員を5つの班に分けて、それぞれ7～8人のグループ単位で活動しています。インストラクターの他に、事務員もいますが、部門や職種、職位に関係なく、全員をランダムにチーム分けして班を構成しています。

ここで試されるのが、リーダーの力量です。リーダーも、職位などに関係なく、比較的若手の元気のよい人を選んでいます。リーダーは、数年単位で交替しています。フラットな組織だけに、黙っていては誰も動きません。

グループによって、カラーも違います。リーダーがあまり声をかけなくとも、各メンバーが自主的に活動してくれるグループもあれば、なかなか皆が集まれないグループもあります。

ミーティングをつうじて、目的や方針を確認し合うグループもあります。あるグループでは、リーダーの発案により、ＬＩＮＥでそうじする場所と期限を連絡し合っています。それにより、従来に比べて参加率やコミュニケーションが劇的に向上したといいます。

それぞれのグループにはエリアが割り当てられており、そのエリアで何らかのそうじを行うことになっています。具体的に何をするかは各グループに任されているため、各グループ内で話し合い、意見交換しながら活動が進められています。

光り輝く床面

あるグループは、ホールの床のタイル磨きを地道にコツコツと続けています。おかげで、床面は蛍光灯の光を反射して眩しいくらいにピカピカです。

メンバーは、「みんなで一緒にたわいもない会話をしながらピカピカにするのが楽しみです」と言っています。

別のグループでは、学科教室をそうじしています。床面の滑り止めがギザギザしており、そこをブラシなどを使ってキレイにしています。細かい作業です。

また、あるメンバーからの提案で、教室の使用予定の看板が刷新されました。以前は重たい鉄製の立札だったのですが、そうじの邪魔になるということと、立札の脚が床面を傷つけるということで、壁に掛けるタイプになりました。そうじをつうじて「気づき」が生まれ、「改善」につながった事例です。

インストラクター室においても、床磨きが進んでいます。毎朝、朝礼前に、担当グループ全員が集まり、和やかな雰囲気で進んでいます。

さらに、業務効率化のために、書類の整理を進め、ペーパーレス化を進めています。

グループによっては、朝の時間だけでは足りないので、まとまった活動時間が欲しいという要望がメンバーから上がり、社長に申請をして活動時間を確保して、大掛かりな作業を行っているところもあります。

〔図表41　ゲスト（お客様）と共に行う床磨き〕

お客様を巻き込んだ活動

同社における特徴的な取り組みとして、ゲスト（教習生）を巻き込んだ活動があります。もともと同社では、朝のボランティアと称して、ゲストと一緒にそうじをする制度がありました。ゲストに参加してもらうことで、気持ちよい気分を味わってもらう、あるいは身を正すことの大切さを感じてもらう、などの狙いがあります。

その朝のボランティアに、床磨きが加わりました。キレイになった床を見てゲストが「こんなにキレイだったんですね」と驚きの声を上げ、自分たちが使用する教室がキレイになったことを喜んでいるそうです。朝のボランティアでは床磨きが人気だとか（図表41）。

苦手な人と話ができるようになった

印象深いことがあります。あるリーダーが、こんなことを言っていました。「自分はこれまで、○○さん（同僚）とは話もしたことがなかったし、正直なところ、とっつきにくいという印象を持っていました。ところが、そうじの活動で、一緒に床磨きをするようになって、○○さんと普通に話ができるようになりました」と。

私が思うに、自動車教習所というのは、各インストラクターが職人気質で、それぞれ個人事業主のような雰囲気があるのだと思います。だから、なかなかコミュニケーションが難しい。

同社は、〝そうじ〟を通じて、社員相互間の絆を深めていっている好事例だと思います。

井階正義社長は、「キレイにし続ければゲストも協力くださる。例えばロビーや教室にゴミを落とさず、汚さなくなりました。朝のボランティアの参加人数も増え、美しくする意識が高まっていると感じます。弊社の仕事は事故を起こさない生命を大切にする、言い換えれば『人に喜ばれる運転をしよう』を目標にしております。ゲストがこのMランドでキレイにしよう、美しくしようと思う気持ちを身につけていただくことは、人に喜ばれることに通ずると考えます」と言っています。

8 朝礼や連絡会議により必要な情報が共有されるようになった事例

「家業」から「企業」へ・株式会社イシカワ

香川県琴平町。「こんぴらさん」の通称で親しまれる金刀比羅神社のふもとに、介護用品の販売とレンタル、介護用の住宅改修を請け負う株式会社イシカワがあります。社員10人ほどの、家族経営の小さな会社です。

プロパーの社員も増え、これまでは家族による「家業」だったものを、公の「企業」に育て上げようとしたことが、〝そうじ〟に取り組むきっかけでした。

活動開始前は、事務所内も倉庫内も、モノ、モノ、モノであふれかえって、足の踏み場もないほどでした。それを全員で協力して仕分けし、使わないものは捨て、使うものだけにしていきました。まだまだ課題は山積みですが、活動開始前に比べると、ずいぶんと場がスッキリとしてきました。

ただ、同社の場合には、そうじによって物理環境を整えていったというよりも、そうじを進める中で表面化してきたさまざまな問題を真正面から取り上げ、その解決のための方策を打っていくことが取り組みの中心になっています。

〝そうじ〟をつうじて表面化してきた問題の数々

例えば、毎朝の朝礼です。それまでは、開始時間になってもはじまらないとか、人が集まらないとかいう状況でした。朝一番でお客様のところへ直行したり、電話をかけたり受けたりすることが多く、朝は人が集まらない、という風土でした。しかし、輪番で日直を決め、日直は責任をもって朝礼を運営することにしました。開始時と終了時にはベルを鳴らして、ケジメをつけています。

そうしないと、朝礼後に行われるそうじが、きちんとできないのです。そうじも、朝礼と同様に、開始時の声かけと終了時のベル号令を実施しています。

また、何かにつけて、必要な情報がそれぞれにきちんと伝わっていない、という状況もありました。ある営業社員のデスクが書類で山積みになっているのですが、それはその社員に業務が集中しすぎているためだ、ということがわかってきました。ならば、他の社員に業務を振り分けて、負荷を平準化すればいいのですが、情報共有ができていないので、容易に分担できないのです。

そこで、必要な情報をタイムリーに共有するため、週に1回、営業社員による営業ミーティング、そして月に1回、事務員も含めた全員による全体ミーティングを行うようにしました。これらのミーティングによって、お互いの仕事の課題や進捗状況が共有でき、業務を分担したり、協力して営業活動を行ったりすることができるようになりました。

加えて、それぞれのミーティングに責任者と事務局担当を任命し、事前に議題を調整して、議事録も作成しています。

月に1回行われる、大掛かりな「全体そうじ」も、同様に責任者と事務局によって運営されています。こうすることで、抜け漏れや忘れを防ぐことができます。

そして、これら朝礼やミーティング、全体そうじなどを年間スケジュールに落とし込み、ここには緊急以外のアポイントを入れないことを徹底しました。

業種がら、どうしてもお客様からの呼び出しが多く、社内行事をおろそかにしてしまう傾向がありましたが、「先約優先」を徹底するようにしています。

「できる仕組み」をつくっていく

倉庫内の整理・整頓においても、「できる仕組み」をつくることを心がけています。

倉庫内を巡回すると「これ何?」「誰がこれをここに置いたの?」というものが散見されます。どうしても、引き揚げてきたレンタル品などを、そこに「なんとなく」置いてしまうのですね。

この場合、確かに、無造作に置いておかないという「意識」は大切です。でも、それだけでは問題は解決しません。

何かモノを倉庫内に持ち込む際に、どのような手順で報告し、その後、どのような手順でそのモノを処理していくのか、ルールと手順を明確にしていきました。

こうした取り組みを通じて、「交わした約束を守る」という風土、そして、「一部の人間だけがわかるのではなく、誰でもわかる」仕組みが、徐々にできつつあります。

社内のコミュニケーションも、よくなってきました。

実際に取り組んでいるみなさんのコメントです。

「取り組みを始める前は、他の営業社員がどこで何をしているのか、まったくわからなかったが、今は皆の動きがわかるので連携や分担がしやすい」(営業社員)

「『先約優先』を第一に掲げることで、判断に迷いがなくなった」(岡野尚美社長)

これまでの、よく言えばアットホーム、悪く言えばなあなあだった「家業」が、〝そうじ〟をつうじて徐々に「企業」に変貌しつつあります。

第5章

組織変革・活性化のためのユニークな視点と仕掛け

この章では、組織活性化をより促進するための、ちょっとユニークな視点と、それを実現するためのちょっとした仕掛けについて解説していきます。

1　部門横断チームをつくる

ました。

他者の視点が気づきを生む

〝そうじ〟に取り組むにあたっては、1人でやらずに、必ず複数人でやりましょう、と申しあげ

多くの場合、部署単位や業務グループの単位で活動を行うことでしょう。同じ部署や同じ職種の方が、時間的な都合が合いやすく、一緒に活動しやすいのは間違いありません。

でも、あえて、部門や職種が違う人たちをシャッフルして、そうじのためのオリジナルのチームを編成するのも、おもしろい効果を生みます（図表42）。

まず、当の本人は、その環境に慣れてしまっているため、何が問題なのか気づきにくい、ということがあります。

たとえば、ある事務所に、カレンダーが3枚も4枚もかけてあったとします。他部署の人は、それを見て、「ずいぶんとたくさんカレンダーがあるんだね。これって、全部見てるの？」という疑問を発することでしょう。でも、その部署で働いている人たちはきっと、これまでなんとなくそうしてきたから、そのことについて特に意味を考えたこともないはずです。他の人に言われてはじめて、「ん？　そういわれればそうだな。確かに、ほとんど見てないな…」と気づくのです。

〔図表42　部門横断チーム〕

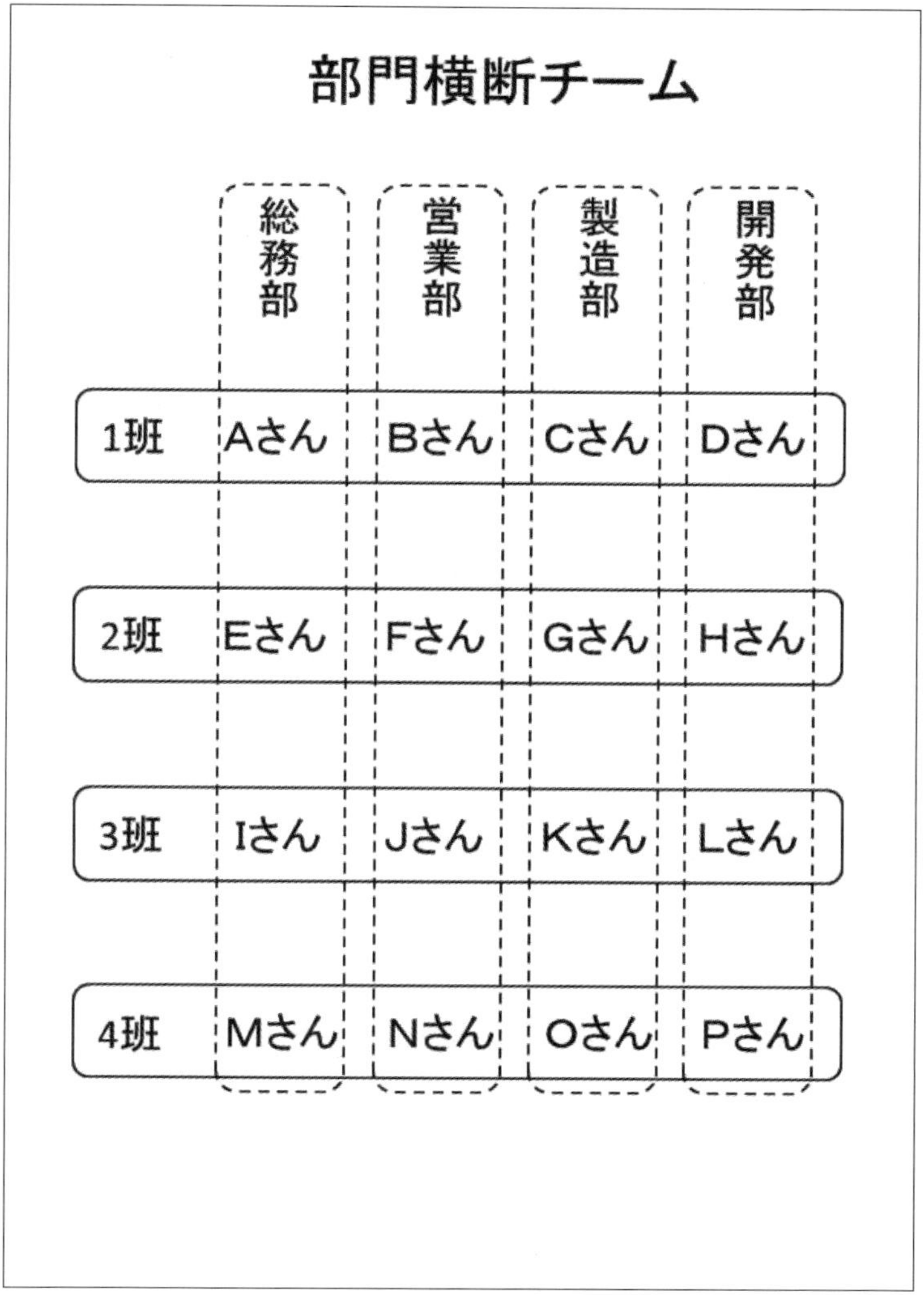

あるいは、事務所の床面について、他部署の人は、「この床、どことなく黒ずんでない？」と言うかもしれません。よくよく見てみると、たしかに、白いはずの床面が、くすんでいます。試しに、洗剤を使って床面の一部を磨いてみると、みごとに真っ白になります。その場所で働いている人たちは、「こういうベージュっぽい色だと思ってたけど、実は真っ白だったんだ！」と言うかもしれません（笑）。

こんなふうに、他者の目線で見ると、気づくことがたくさんあるので、お互いに刺激になるのです。

あるいは、事務系職場の場合、女性が多く、力仕事を伴う環境整備がむずかしいことがあります。そんなときに、他部署から工作の得意な男性が、インパクトドライバー持参で参加してくれれば、懸案だった棚の整備がいっきに進むかもしれません。

横のつながりが生まれる

また、部門や職種が違えば、普段はなかなか会話を交わす機会も少ないでしょう。

そうじを一緒にすることで会話が生まれます。

そうじに取り組む姿勢を見ることで、「この人は丁寧な人なんだな」とか、「この人は器用な人だな」というようなことが理解できます。一緒に汗を流すことで、一体感が生まれ、仲間意識が生まれます。

部門横断チームをつくることで、社内の横のコミュニケーションがよくなり、会社としてのまとまりが出てくるのです。

　とはいえ、勤務時間の違いや勤務場所の違いがあるために、普段はなかなか部門や職種の違う人間が集まることは難しいこともあるでしょう。

　そのような場合には、普段は部門ごと、職種ごとに活動して、月に１回の重点活動日に、部門横断チームを編成して大がかりなそうじに取り組む、という方法もあります。

2　フリーアドレスを導入する

1人1台デスクの欠点

　多くの事務所で、１人につき、１台のデスクがあります。

　これまでは当たり前の光景でしたが、このシステムにはいくつかの欠点があります。

　まず、そのデスクがその人の「根城」になってしまうため、治外法権の地と化してしまい、場が乱れてしまう、ということです。いくらデスクの上に書類を山積みにしようが、引き出しの中に私物を溜めこもうが、誰も注意できません。「自分がわかっていればいい」という意識のために、整えようという動機が湧かないのです。

　また、座る位置が固定されているため、前後左右の特定の人としかコミュニケーションがとれません。

「公」の場なので整いやすい

そこで、「フリーアドレス」というシステムを導入することで、おもしろい効果が生まれることがあります。

フリーアドレスとは、誰がどこに座ってもいい、というシステムのことです。いろいろなやり方がありますが、一般的なのは、個人デスクを廃止し、代わりに丸テーブルや長テーブルを用意して、誰がどこに座ってもいいようにします。当日の気分によって、あるいは、業務の都合に合わせて、座る場所を変えるのです。たとえば、今日は隣の課の○○さんと打ち合わせをしながら仕事をする、というとき、課が違う2人が隣同士に座って業務をすることもできます。

デスクに付属する引き出しは廃止され、代わりに、共用の書類棚や個人ロッカーを設置することで、必要な事務用品や書類を収納します。

こうすることで、職場が「私」から「公」の場に変わり、常に整えておこう、という意識が働きます。私物の量も減ります。

コミュニケーションが促進する

加えて、コミュニケーションがよくなります。特に、これまでバラバラの方向に個々人のデスクが向いていた場合に比べて、常に誰かと向かい合わせの位置に座ることになりますから、そこで会話が生まれやすくなるのです。

引き出しがなくなるので、死角が少なくなり、掃きそうじや拭きそうじも楽です。

営業部隊や現場監督など、外出の多い部署では、日中の事務所はがら空きで、そもそも、１人に１台のデスクは不要なはずです。フリーアドレスにすることで、狭いスペースの有効活用にもなります。

ある会社では、社長までもフリーアドレスになっていて、社長は毎日、違う場所に座り、周囲の社員たちと会話することを日課にしている、というところもあります。

ただし、フリーアドレスとて、デメリットもあります。

外部の雑音から遮断された環境で、仕事をしなければいけない場合もあるでしょう。そんなときのために、「籠れる部屋」を用意しておくとよいでしょう。

また、個人ロッカーは死角となり、内部が乱れがちになってしまうので、定期的に中身を整理する機会をもうけるとよいでしょう。

3　パーテーションを取り外す

物理的な壁が心理的な壁をつくる

デスクとデスクの間を、パーテーションで仕切っている事務所があります。

これも、メリット・デメリットがありますが、私は、できるだけパーテーションはないほうがいいと思っています。

パーテーションがあれば、確かに集中はできるでしょう。

しかし、壁があるために、前後左右の人との会話がしづらくなります。物理的な壁が、心理的な壁をつくります。組織である以上、なんらかの連携や分担の上に仕事が成り立っているはずです。できるだけ会話がしやすいように、パーテーションを取り外すことをおすすめします。

また、四方を壁で囲われることで、そこがやはり個人の根城になってしまい、治外法権になってしまいます。パーテーションの内側は、他の誰も触れないのです。

さらに、パーテーションに、ベタベタと貼り紙をしてしまう現象を誘発してしまいます。まさに「要塞」と化してしまうのです(笑)。

パーテーションを取り払うことで、前後左右の人と、会話がしやすくなります。物理的な壁をなくすことが、心理的な壁をなくすことにつながります。必要な情報が共有しやすいので、業務の効率アップや業績アップにつながります(図表43、44)。

オープンになりそうじもしやすい

手元があらわになるので、不正もしにくくなります。不正は、隠れたところで行われるものです。死角が少なくなり、オープンになるので、拭きそうじや掃きそうじもしやすいです。

また、社長のスペースをパーテーションで仕切っているケースもありますが、同様の理由で、な

〔図表43　パーテーションで仕切られたデスク〕

〔図表44　パーテーションを取り払ったデスク〕

くしたほうがいいと思います。物理的な壁が、経営者と社員の距離を遠くします。物理的な壁をなくすことで、経営者と社員の距離を近くすることができます。

社長が1人になりたいときは、そのときだけ会議室や個室に籠ればいいのです。

ただしこの「フリーアドレスの導入」と「パーテーションの取り外し」については、職種や状況によってはマイナス効果となる場合もありますので、総合的に可否を判断してください。

4　聖域をつくらない

会社の中に「聖域」があることがあります。

触れてはいけない場所、入ってはいけない場所。タブーと言い換えてもいいでしょう。

そうじの取り組みにおいても、聖域が温存されることがあります。

たとえば、社長室。

全社でそうじに取り組んでいるのに、なぜか社長室だけは手がつけられていない。そっと覗いてみると、社長のデスクの上には書類が山積み。足下にも雑誌や書籍がところ狭しと散乱している。そんなケースもあります。

はっきり申し上げます。聖域をつくってはいけません。

社長室を聖域にするのはやめましょう。

聖域をなくし、風通しのよい風土をつくる

「風通しのよい風土」をつくるのが、〝そうじ〟の大きな目的の1つです。

社長室が聖域になっていては、社長と社員の距離は縮まりません。

社員に対して「整理、整頓しなさい」と号令をかけておきながら、社長室が乱雑なままでは、まったく説得力がありません。社員は、「社長は本当はやりたくないんだ」と思ってしまいます。いや、もっといえば、「社長は自分をさらけ出すことを恐れている」と、見抜かれてしまいます。自分が変わろうとしないのに、社員に対して「変われ」と強要していることがバレてしまいます。

これでは会社はよくなりません。

よく、「社員に見られてはいけない書類があるから」と言い訳する社長がいますが、そんなものはごく一部のはずです。もし本当に、そういった書類がたくさんあるのであれば、よっぽど後ろめたい経営をしているのでしょう（笑）。

社長のデスクもチェック対象

〝そうじ〟に取り組むのであれば、社長は思い切って、聖域をなくすべきです。

ある会社では、社内の整理、整頓のチェックの際には、委員会メンバーが、社長のデスクの引き出しまで開けてチェックしています（もちろん、社長の立会いの下で、です）。

中身が乱雑になっていれば、「社長、もう少し整理、整頓しましょう」と、「勧告」が出されます。

受けるほうの社長も、苦笑いですが、こうしたやり取りは、社長と社員の信頼関係の構築に、大いに役立ちます。

最高意思決定者である社長に対してもモノが言えるというのは、すごく健全なことだと思います。

そうじをつうじて、こうした風通しのよい風土をつくっていくことができるのです。

5 整理の本当の意味

本当に大切なものを明確にし、絞る

先に、「整理」とは、「要るものと要らないものを明確に分けて、要らないものを徹底的に処分すること」であり、一言で表現するならば、「捨てる、減らす」ことであると申し上げました。

ここでこの整理について、今一度深く考えてみたいと思います。

整理とは、確かに、不要なものを捨てることなのですが、それは逆に言えば、「本当に大切なものは何かを明確にし、それに絞り、それ以外のものを捨てる」ということだと思います。

たとえば、書類の整理をする中で、所属団体の会報誌の扱いに困ることがあります。

定期的に会報誌が届くものの、とても中身をじっくりと読んでいる暇がない、ということは多いでしょう。それらがどんどん溜まってしまうわけです。

私が「捨てましょう」と促すと、社長さんは、「いや、まだ読んでないから」とおっしゃる。

「じゃあ、いつ読むんですか？」と問うと、「時間に余裕ができたら」とおっしゃる。はっきり申し上げますが、時間に余裕ができることなどありません。社長は、常に忙しいものなのです（笑）。

この場合、望ましいアクションは、「読まずに捨てる」です。もったいないと思われるかもしれませんが、一番もったいないのは、社長の時間です。

ここでよく考えていただきたいのは、その会報誌を読むということが、自分にとって大切なことなのかどうか？　ということです。おそらく、そうではないでしょう。必要不可欠なもの以外は、してはいけないのです。

この延長線上で、その所属団体に加盟していること自体が必要か？　と考えてみるのもよいでしょう。

おつきあいで加盟しているとか、なんとなく勢いで入会した、というようなものも多いのではないでしょうか。

おつきあいの会合に出ることが多ければ、その会合の意義を今一度見直してみるべきです。おつきあい会合が多く、それに時間を取られてしまって社業に支障をきたしているとすれば、本末転倒です。

その団体に所属していることが、事業を進める上で必要不可欠な場合以外は、脱退したほうがいいと思います。

事業や商品を絞る

そしてこれらのことは、事業活動そのものについてもいえることです。

毎日忙しく動き回り、息をつく暇もない。あれもこれも、やることが手一杯で余裕がない。そんなときに、自分がやっていることは、すべて大切なことなのだろうか？　と振り返ってみてはどうでしょうか。

たとえ話ですが、飲食店において、メニューに、「寿司、ラーメン、そば、とんかつ、カレー、スパゲッティ、ピザ、ステーキ、焼き肉……」と書いてあったとします。商品の種類が多いために、ストックしておく材料は多くなります。そのぶん、ロスも大きくなります。効率的に調理できないので、時間的余裕がありません。専門店とは言い難いので、単価は安くせざるをえません。結果として、忙しいわりに儲かりません。

そうではなく、「ウチの強みは何か？」と問いかけ、それがもしイタリアンだとするならば、思い切ってスパゲッティとピザだけに絞るべきです。そしてスパゲッティとピザのクオリティにこだわり、極めるのです。そうすれば、専門店として単価を上げることができます。効率的な仕入や調理が可能になるので、ロスが減り時間にも余裕ができます。結果として、余裕がありながら高利益体質になります。

こんなふうに、商品のラインアップや事業領域の「整理」にも、ぜひ踏み込んでみるべきです。そのための入口として、まずはモノの整理に取り組むとよいでしょう。

6 「なんとなく」をやめよう

なんとなくがあふれていないか

世の中は、「なんとなく」であふれています。

個人の私生活や家庭生活においては、「なんとなく」という「余白」も必要です。

しかし、事業経営や組織運営においては、「なんとなく」をなくしていくことが必要です。

たとえば、何かのお知らせを掲示板に貼りつけようとしているとき。貼りつける前に、よくよく考えてほしいのです。貼りつけることによって、何をしようとしているのでしょうか？　もしその情報が、全社員にくまなく行き渡ることが必要ならば、掲示するよりも、朝礼の場で告知したり、メールで全員に一斉送信したりするなどの措置が適しているかもしれません。

チラシの束の中に入っていた、近くのお弁当屋さんのメニュー表。これもつい、壁に貼りたくなります。でも、それが事業にとって、どれくらい大切なことなのでしょうか。「ひょっとしたら、注文する人にとって便利かもしれない」という親切心から貼っているかもしれませんが、そういうことをしていると、壁面が掲示物だらけになり、本当に重要な情報が隠れてしまいます。

取引先からもらったカレンダーをとりあえず壁にかけておく。

でも、本当にそれを見る人がいるのか、よく考えてからのほうがいいでしょう。

きちんと決める

よく壁面に、日付と罫線が書かれたホワイトボードが掛けてあったりします。会社の歴史の中で、どこかでスケジュール管理のために導入したのでしょう。しかし今は、たまに気が向いた人が気が向いたときに使うだけ。こんなときは、そのホワイトボードをどうするのかを、関係者できちんと話し合って明確にすべきです。使うのであれば、毎日抜け漏れなく使いましょう。使わないのであれば、撤去するか、あるいは、別の用途に使うのであれば、用途に合った罫線やフォーマットに変えるべきでしょう。

現場から持ち帰った建材も、つい、なんとなく倉庫の一画に無造作に置いてしまいます。しかし、そのままでは、まず生かされません。いつしか忘れられて、気がついたときには、他の資材や廃材の山に埋もれて、ホコリをかぶっているでしょう。有効活用しようとするならば、まずその建材に、どのようなものなのかがわかる表示をして、他の社員にもその存在がわかるように、掲示板や電子掲示板などで告知すべきでしょう。

「車をキレイにしましょう」と呼びかけたとしても、いつ誰が洗車するのかを決めなければ、なかなか実行できません。「気づいた人が気づいたときに」と言えば聞こえはいいですが、よほど優秀な組織でなければ、そういうことはできません。だから、「毎週金曜日の夕方に全員で行う」などと明確に決めて、実行し、それをリズムにするほうがいいです。

とにかく、社内にあふれている「なんとなく」を見直し、すべてのものに意味を持たせることが、イキイキとした組織づくりにつながります。

7　自分たちでつくり上げるから、愛着がわく

自分たちで行う方法と専門業者にやってもらう方法

具体的事例の章で、「自分たちで床面を塗った」とか「ＤＩＹで」という文言がいくつか出てきました。ここでは、自分たちでつくり上げることの意味を考えてみたいと思います。

床や壁を塗ったり、壁紙を貼り換えたり、内装を変えたりするとき、自分たちで行う方法と、専門業者にやってもらう方法の、２つがあります。

当然、専門業者にやってもらったほうが、完成度は高いです。

床面は、何層にも重ね塗りして強い皮膜をつくり、ムラなく光り輝く状態に仕上がるでしょう。

壁紙は、浮いたり寄ったりすることなく、継ぎ目もわからないように、美しく仕上げてもらうことができるでしょう。

自分たちでつくれば誇りが持てる

しかし、自分たちの手でつくりあげたものには、愛着がわきます。苦労して完成させたものは、大事に使います。汚さないように気をつけます。傷つけないように、気を遣います。いつまでも大

切に使おうとします。

一方、プロにやってもらったものは、見た目はよいのですが、自分たちで苦労してつくりあげたものと比較すると、大事にしようという気持ちは弱いです。汚れたり傷ついたりしたときにも、「また業者に直してもらえばいいや」というふうになりがちです。

自分たちでつくり上げた空間で働くことは、自分たちの会社を自分たちでつくっているという、小さな「誇り」につながります。

手づくりはコミュニケーションの有効な手段

もう1つ、よいことは、手づくりをするためには、その過程で社内でいろいろな話し合いをしなければならない、ということです。床を塗るためには、まず、どんな色にするのか。どんな塗料を使うのか。業務に支障がないように作業するためには、どのようなスケジュールでどのような役割分担で行うのか。こうしたことを話し合うわけです。おそらく、さまざまな意見が出てくることでしょう。唯一の正解があるわけではありませんから、楽しいやり取りになるはずです。

また、実際に塗る際には、ワイワイガヤガヤと、楽しく作業ができるはずです。ペンキが服についてしまったり、塗ってはいけない場所を塗ってしまったり。そんな失敗も、楽しいものです。

こうしたことをつうじて、社内のコミュニケーションがよくなっていきます。

もちろん、なんでもかんでもすべて自分たちでやらなくてはならない、ということではありません。状況により、業者に任せることが適切な場合があるのは当然のことです。

特に、脚立をつかう高所作業などについては、安全面から、「２メートル以上の作業は専門業者に任せる」などというふうに決めたほうがいいと思います。

8 「見る」機会と「見られる」機会をもうける

〝そうじ〟で難しいのは、取り組みのモチベーションを、いかに上げられるか、いかに維持できるか、ということです。

そのために、さまざまなイベントを企画することが有効です。

他社を見学する

まず、同じように〝そうじ〟に取り組んでいる他社を見学することをおすすめします。

そうじをすると会社がよくなるらしいから、ウチも取り組もう！　と言われても、やったことがなければ、なんのことかよくわかりません。たとえ賛同したとしても、そうじをすると、具体的に何がどう変わるのか、何がどうよくなるのかは、今１つわかりません。

しかし、実際に取り組んでいる会社の現場を見れば、それは一目瞭然です。

無駄なものがなく、広々として整然とした職場空間。どこに何があるか、ひと目でわかる事務用品や工具類。蛍光灯の光が反射して輝く床面。そして何よりも、イキイキと笑顔で働く社員さんたち。

こうしたものに直に触れることで、そうじの持つ力を実感できるはずです。

見学会を開催し、外部の人に見てもらう

そして、その逆に、見学される機会をもうけることも、有意義です。

外部の人たちに、自分たちが取り組んでいる現場を見てもらうのです。事務所、トイレ、倉庫、工場、建築現場、店舗などを歩いて見てもらいます。

そうじをテーマにして見てもらうわけですから、通常の会社見学とは違う緊張感があります。別に、少しでも乱れていたり汚れていたりしたらツッコまれるということではありませんが（笑）、それでも、あまりみっともない姿は見せられません。

だから、見られてもいいように、普段からしっかりそうじしよう、という動機になるのです。

私も、クライアントの会社に、見学会を開催しましょう、とおすすめしています。

年に1回、見学会を開催するところが多いですが、中には、年に2回開催するところもあります。見学会を定期開催することで、ほどよい緊張感を維持することができます。

あるいは、規模の大きな会社であれば、社内で「見る、見られる」機会を設けてもいいでしょう。他部署の社員が、別の部署の現場を見て回るのです。よくできている現場を見れば、ウチの部署

〔図表45　(有)ファインの見学会〕

〔図表46　(株)小河原建設の見学会〕

でも参考にして取り組もう、となるでしょう。あの部署にできたことが、ウチの部署でできないわけはない、という、よい意味でのライバル心もわくでしょう。見られるほうは、なんとかしてよいところを見せたい、と思うでしょう。

こうした「見る、見られる」イベントは、モチベーションアップのための施策になるだけでなく、社員の教育の機会、ととらえることもできるでしょう。

ちなみに、本書で実名でご紹介している企業は、基本的に見学者を歓迎していますので、ご希望があれば、当該企業にお問い合せください（図表45、46）。

9　減点法ではなく加点法で

センシティブな人事評価

〝そうじ〟の取り組みを、人事評価に組み込みたい、という話を聞くことがあります。

社員の中には、一所懸命に取り組む人と、そうでない人がいるのですから、それをきちんと評価したいと考えるのは、経営者として自然なことです。

ただ、人事評価というのは、センシティブなものです。

会社ごとに、いちおうの基準はあっても、どうしても主観的な判断になってしまいます。その主観的な判断で、給与や賞与が決まってしまうのですから、扱いは慎重にしなければなりません。

ですから、評価する際には、「減点」ではなく、「加点」をするほうがいいと思います。頑張っている人を、賞与で報いるというのでもいいでしょう。

表彰制度がおすすめ

私が一番おすすめするのは、給与や賞与につながる人事評価ではなく、独立した表彰制度をもうけることです。

頑張っている人、創意工夫して取り組んでいる人、周りを巻き込んでリーダーシップを発揮している人たちを、表彰するのです。

表彰の期間は、月間、半期、年間など、状況に応じて設定します。

表彰状に加えて、記念品や金一封を授与してもいいでしょう。

これらを目当てに活動するわけではありませんが、誰だって褒められれば嬉しいものです。さらに頑張ろう、という励みになるはずです。

誰が表彰の審査をするのか、についてですが、もちろん社長が独断で審査してもいいですし、社長を含めた数人の幹部で審査してもいいでしょう。

あるいは、そうじの「委員会」や「プロジェクトチーム」を組成しているのであれば、そのメンバーが審査する役割を担うという手もあります。

表彰の単位は、グループ単位でも、個人単位でもいいですし、グループ表彰と個人表彰を両方もうけてもいいでしょう。

1つ大事なことは、こうした表彰制度をもうけたら、ずっと続けることです。審査方法や表彰の形式はよりよいものに変えていくとしても、会社が続く限り、ずっと続けることです。一度や二度で終わってしまったら、社員たちは、「社長、飽きたな」と思うでしょう。

10 人材育成は〝そうじ〟から

一過性で終わりがちな研修

少ない人数で業務を回していかなければならない中小企業にとって、人材育成は大きな課題です。人材育成というと、すぐに思い浮かべるのが、研修やセミナーです。

もちろん、そうした研修の内容が、仕事上あるいは私生活上で役立つこともあります。

新入社員にとっては、社会人として最低限のマナーを身に着けることは必要ですし、中堅以上の社員にとっても、業務遂行上必要になる技術的な素養は、研修になどによって学ぶべきでしょう。

建築や工事、保険などの資格を取るための教育も、必要不可欠です。

ただ、世間一般的に、「わが社は人材育成がうまくいっていない」という場合、多くは、自発性や積極性、協調性、あるいはリーダーシップといった観点での育成がうまくいっていないことを指す場合が多いかと思います。

そうした自発性や積極性、協調性、リーダーシップなどは、どうやったら身に着くのでしょうか？

それらを専門にしたセミナーや企業研修もあります。

ゲームを取り入れたり、グループワークを行ったり、宿題を出してそれを実践させたり、中には雑踏の中で大声を出させたり、といったものもあります。

それらの研修・セミナーに効果がないとは申しません。

実際、私もこれまでいろいろな研修・セミナーを受講してきて、その都度、よい学びを得ることができました。

ただ、いかんせん、研修は研修。研修を受けている最中はモチベーションが上がっても、研修が終了してしまうと、その効果は段々と薄れてきてしまいます。

一過性で終わってしまうのですね。

そうじは日々の実践の中で成長できる

そこで、私がおすすめするのが、そうじを通じた人材育成です。

そうじは、毎日行います。

毎日決められた時間に、モノを整理したり、整頓したり、掃いたり拭いたり磨いたりします。

そうじに終わりはありません。

あるエリアがキレイになっても、別のエリアがあります。

すべてのエリアがキレイになっても、さらに高いレベルを目指して、あらためて整理、整頓、清掃に取り組みます。

こうした毎日の取り組みの中で、少しずつ少しずつ、自発性や積極性、協調性、リーダーシップなどが養われていくのです。

ではなぜ、そうじに取り組むと、自発性や積極性、協調性、リーダーシップなどが養われていくのでしょうか？

ゴミを掃いたり、床を磨いたりするのは、面倒なことです。できれば避けたいこと。

でも、それをあえてやり続けるのです。

やりたくないけどやらなくてはいけないことを続けることで、自発性や積極性が生まれてきます。

また、モノを捨てたりモノを動かしたりする際には、自分1人で勝手に行うわけにはいきません。必ず、周囲の人と相談したり確認したりすることが必要になります。

そこで、コミュニケーションが生まれ、協調性が育まれます。

そして、そうした活動に積極的に取り組む人の中から、リーダーが生まれてくるのです。

こうした「意識」の変化をもたらすために、「観念」だけで変えようとするのは限界があります。

心と体はつながっていますから、そうじのように、具体的にモノを動かし、身体を動かすことで、心が動いていくのです。

ここに、私が、「人材育成は〝そうじ〟をつうじて行うべき」とご提案する理由があります。

11　リーダーシップとチームワーク

一過性の研修ではなく

前項の「人材育成」とも密接なつながりがありますが、リーダーシップとチームワークというのも、組織にとっての大きな課題です。

そのための研修などもありますが、前項で述べたとおり、研修はあくまでも研修であり、一過性で終わってしまいがちです。

そこで、やはり、〝そうじ〟をつうじてリーダーシップとチームワークを育んでいこう、というご提案です。

そうじをつうじてチーム運営を学ぶ

そうじを進めるにあたって、チームをつくります。それは、部署ごとだったり、部門横断だったり、会社の状況に応じて最適な方法で編成します。

チームごとに、リーダーが任命されます。リーダーは、社長が指名する場合、本人が立候補する場合、チームメンバー内で推薦される場合があるでしょう。

そして、それら全チームを束ねる、総リーダーが必要です。

リーダーとしての役割は、大きく2つあると考えます。1つは、自分自身が一所懸命取り組むこと。もう1つは、周りを巻き込むこと。本人が本気で取り組んでいないのに、周りを巻き込むことはできません。

まず、リーダー自身が、一所懸命にそうじに取り組むこと。そして、周りにも声をかけ、盛り上げていきます。

周りを巻き込むためにリーダーは、活動方針やスケジュール、役割分担などを作成し、提示しなければなりません。

もちろん、これらをすべて1人で行うことはできませんので、メンバーと相談したり手伝ってもらったりしながら、行うのです。

メンバーはフォロアーシップを学ぶ

リーダーシップの一方で、「フォロアーシップ」というのもあります。

チームリーダーがリーダーシップを発揮するのに対して、チームメンバーは、フォロアーシップを発揮しなければなりません。

メンバーは、リーダーの意図をくみとり、その実現のために力を尽くします。リーダーの指示があいまいだったり、不都合があったりする場合には、どうすればよりよい活動ができるかを、リーダーと一緒に考えます。他のメンバーと協力して、リーダーの掲げた目標達成のために、自分に与えられた役割をまっとうしていきます。

たとえば、ある倉庫の整理を担当することになったAチーム。

リーダーは、いつまでに、何をどうするのかを、決めなければなりません。

まずは現状把握。倉庫内を歩き回り、現状、何がどうなっているのかを確認します。もちろん、チームメンバーと一緒に、「これはこうしたいね」とか「これはどう思う？」と意見交換をしながら、見て歩きます。

現状把握をもとに、活動計画を練ります。活動する時間帯として、いつが皆が集まれるのか。何から優先して整理していくのか。必要な道具はあるのか。どのように役割分担していくのか。こうしたことを、メンバーと話し合いながら、決めていきます。

もちろん、決めたからといって、粛々とコトが進んでいくとは限りません。

いやむしろ、順調にいかないことのほうが多いでしょう。

決めた時間にメンバーが集まらないとか、整理をはじめてみたら、思った以上に時間がかかってしまったとか、いろいろな問題が出てきます。そのたびに、リーダーはメンバーに声をかけ、メンバーの意見を聞きながら、軌道修正していきます。

こうしたことは、実は、実務においても、まったく同じです。

そうじという、毎日の取り組みをつうじて、業務に必要なリーダーシップとチームワークを育てていくことができるのです。

12　改善にはそうじが有効

製造業に限らず、多くの企業に導入されている改善提案制度。

各人が日々改善のネタを探すことが、企業を強くすることは間違いありません。一握りのトップのアイデアだけでなく、社員全員のアイデアが結集することで、より社内が活性化していきます。

改善提案が出てこない！

ところが、この「改善提案」がなかなか出ないというお悩みを、よく聞きます。

改善提案のＢＯＸが設置してあっても、中身はず〜っと空っぽなんていうことが、ざらにあります。社長が口をすっぱくして「改善提案を出しなさい」と叱ったところで、出ないものは出ません。

提案に対して報奨金を設定している会社もありますが、それでも、出ないものは出ないのです。

そこで、私がおすすめするのが、〝そうじ〟をつうじた改善の取り組みです。

そうじをするとモノがよく見える

その理由はまず、そうじをすると、モノがよく見えるようになるからです。

例えば砂が降り積もっている地面。掃いてキレイにすれば、床面が見えてきます。

そこに穴が開いていたり、破れていたりしたら、それを直すはずです。

ボルトが外れていたり、緩んでいたりしたら、それを締め直すはずです。

こうした行為は、まさに改善そのもの。

わざわざ提案書に書かなくても、自分の力で実践できる「改善」です。

そうじをすると気づくようになる

また、そうじを徹底すると、さまざまな気づきがあります。

もし、足下にビスや釘が落ちていたら、気がついたときにすぐに拾う習慣がついていくため、拾うようになります。

すると、「このビスや釘はどこから落ちてきたのだろうか？」と疑問を持つようになります。

あるいは、仕事に使う機械を清掃しているとき。表面に見える部分よりも、奥の見えない部分がより汚れる、ということに気づきます。

すると、「奥の部分が汚れないようにするためには、どうしたらいいだろうか？」と考えるようになります。

そうじをすると根源的な解決策を探るようになる

さらに、ものの見方や考え方が変わっていきます。

そうじの取り組みが進んでいくと、「汚れているものをキレイにする」ということから、「どうすれば最初から汚さないように工夫できるか?」というふうに、考え方が変わっていきます。だって、毎回毎回汚れているものをそうじするのは、かなりの労力ですからね(笑)。

たとえば、鋳造工場の中で、砂が溜まる場所がありました。ベルトコンベヤで砂が運ばれるのですが、ベルトの横から砂がこぼれ落ちてしまうのです。

そこで、こぼれ落ちた砂を回収するための「受け」を設置しました。これで、砂こぼれをかなり防止することができました。

さらに、ベルトコンベヤに数か所、ミストを噴霧する装置をつけました。こうすることで、乾いた砂に水分が混ざり、重くなることで、飛散を減少させることができるのです。

このように、そうじを進めると、発生源対策にまで視点が行くように進化していきます。

実際にこうした改善によってロスが減り経費削減に貢献しています。

こうした創意工夫こそ、「改善」そのものではないでしょうか。

すなわち、そうじとは、改善と同義語だといってもよいくらいなのです。

逆に言えば、そうじをすることなしに、改善のアイデアをひねり出すのは、極めて難しいことだと思います。

これまで「改善提案を出せ」と口すっぱく社員に言ってきた社長さんは、「そうじをしよう」と言い換えてはいかがでしょうか。

13　抵抗勢力とどう向き合うか

前向きに取り組む人に焦点を当てる

ところで、多くの社長さんたちから、「抵抗勢力が現れたときに、どう対処すればいいですか？」というご質問を受けます。

どんな会社でも、必ず抵抗勢力が現れます。大声を上げて反対を唱える人もいれば、口には出さないものの、さぼったり手を抜いたりすることで抵抗する人もいます。全員が、「よし、やろう！」と前向きに取り組むなんてことは、残念ながら、ありません。

まぁ、新興宗教ではありませんから、多少の抵抗はあったほうが、自然だといえるでしょう（笑）。

こうした抵抗勢力にどのように向き合うべきか。

私の考えは、「あまり相手にしない」ということです。

相手にしない、といっても、別に無視しろということではありません。抵抗する人、反対する人、嫌がる人に焦点をあてて、その人たちを説得しようとか、叱責しようとかせずに、ようすをみる、ということ。

その代わりに、前向きに取り組む人、一生懸命に取り組む人に焦点をあてて、その人たちを盛り立てることを考えましょう。

マイナスの意識をもっている人たちを相手にするのは、エネルギーを浪費します。はっきりいいますが、抵抗する人や反対する人たちを、こちらの意図で翻意させることはできません。

しかし、組織には必ず、前向きに取り組む人がいるものです。そういう人たちが、より活動しやすいように、盛り立てていくのです。

熱意のある人には、必ずフォロアーが現れます。前向きに取り組む人たちに引っ張られて、他の多くの社員たちも、そうじに取り組むようになるはずです。

2：6：2の法則

よく、「2：6：2の法則」といわれます。組織の中で、物事に前向きに取り組む人が2割、抵抗する人が2割、そして残りの6割は、時流に乗って、どちらにも転がる、ということです。だから、まずは2割の「推進派」を盛り立てて、6割の「日和見派」を巻き込むのです。

もし組織の中で、7~8割くらいの人がそうじに取り組むようになれば、その会社の風土は確実に変わるでしょう。逆に、残りの2~3割の人がやらなくても、大勢には影響がありません。

抵抗する人の中には、こういう「時流」に乗って、推進派に「転向」する人もいます（笑）。

ただし、推進派の取り組みを妨害したり、悪意をもって他の社員を煽動したりするような場合には、社長は毅然とした態度を示すべきです。人事的な処分も含めて、対処すべきでしょう。どのみちこういう人は、そうじに限らず、会社に害悪を及ぼす人ですから、どこかでケジメをつけなければいけません。

14　社長はリアクションを

社長は気づくことが大事

〝そうじ〟の取り組みにおいて、社長としての大切な仕事の1つは、「リアクションする」ということです。変化に「気づく」ことが大切です。

そうじをはじめて、社内が変化していきます。

以前は山積みになって溢れていたモノが、少し減っている。

以前は乱雑に積み上げられていたモノが、わかりやすく棚に収められている。

以前は黒ずんでいた床面が、一部だけ光っている。

以前は悪臭を放っていたトイレが、最近は臭わない…。

そんなちょっとした変化を見逃さず、「あれ？　ここ、前より広くなったよね」「これ、以前と違わない？」「ここ、ちょっとキレイになっている？」というコメントを発してほしいのです。

社員の心の中は、「やった、気づいてくれた！」となるでしょう。変化に気づいた社長が嬉しそうな表情をしていれば、社員は嬉しくなり、もっとやってやろう！　となるものです。

一般的に、よほどその社長が嫌われていない限り（笑）、社員は社長が喜ぶことをしようと思うものです。

だから社長は、好ましい変化を見逃さずに気づき、嬉しがることが大切です。

褒めればいいというものでもない

だからといって、褒めてばかりいればいいというわけでもありません。

好ましくない状況については、きちんと「これは嫌だ」と表明することが大切です。

時折、工場内で、せっかく「姿置き」の置場が用意されているにも関わらず、姿置きとは違うように工具が置かれている場合があります。

こうした状態を放置することは、すなわち社員に対して、「このままでいいよ」という誤ったメッセージを発することになります。さらに言えば、「社長はこのことに関心はないよ」というメッセージでもあります。

その場で注意するということは、「社長は関心を持っているよ」というメッセージなのです。

ある会社の社長は、外出しているときを除き、常に工場内を歩き回り、好ましい変化については、「ありがとう」「ご苦労さん」と声をかけ、好ましくない状況を発見すると、すぐに関係者を集めて叱り飛ばします。

社員にしてみれば、社長の反応が明確なので、動きやすいのです。

こうしたことも、社長と社員の大切なコミュニケーションだと思います。

第6章

依存から自立へ
〜私がそうじに目覚めた理由

1　大企業の中でのもがき

火を吹くゴジラ

この章では、私がなぜ、どのような経緯でこの仕事をしているのか、ここに至るまでの道すじと、その想いを少しだけお話したいと思います。

私は、大学を卒業してから自動車メーカーに入社しました。

就職活動中は、職業について特段にしっかりとした考えがあったわけではありません。子どもの頃から車やバイクが好きだったので、どうせ就職するなら、何らかの形で車などに関わる仕事がしたいな、と思ったのです。

私は文系だったので、他の多くの人たちと同様、商品企画や広報・宣伝、海外営業などの華やかそうに見える部署が希望でした。

ところが、入社して配属されたのが、工場の人事課でした。「人事」という仕事は、今でこそ、その重要性や面白さが理解できますが、当時は、まったくわかりませんでした。工場に勤める人たちの送迎用バスの時刻表をつくったり、寮や社宅の補修工事の手配をしたりしながら、車に携わる仕事がしたいと思って入社したのに、なんでこんなふうに車にまったく関係のない仕事をしてるんだろうと、涙が出そうになりました。

それでも、与えられた仕事は精一杯取り組みました。

あるとき、直属の上司である課長から、「小早くん、新入社員のフレッシュな視点で、わが課の業務で改善したほうがよいと思うことを、挙げてみてくれ」と指示を受けました。改善提案をまとめるように、という指示です。願ってもない仕事でした。

私は、工場内を歩きまわり、およそ人事課が関われることで、改善したほうがよいと思うことを列挙し、その改善策についても、自分なりの案を添えて、50ページほどの報告書を提出しました。

ところが、後日、上司と面談した際に言われたのは、「これ（報告書）は、改善提案でもなんでもなくて、お前の不平不満に過ぎない」ということでした。ショックでした。決して不平不満を並べ立てたわけではありません。会社のために、社員のためによかれと思って書いた報告書でした。

後から振り返ると、その報告書の中に、「事務所内を禁煙にしましょう」という項目がありました。当時はまだ、事務所の中で喫煙するのが普通の時代でした。事務所の壁がアイボリー色だったのですが、大掃除のときに雑巾で拭くと、白くなるのです。ヤニで黄色くなっているのでした。事務所内には、女性もけっこういるし、せめて分煙すべきと思ったのです。喫煙と発がんに関する医師の書いた論文も添付しました。これが気に障ったのかも知れません。なんせ、課長は超のつくヘビースモーカーだったからです（笑）。

私はその後、営業や企画など、さまざまな部署に異動になるのですが、いろいろな場面で、上司に対して改善提案をぶつけていきました。採用されたこともありましたが、多くは、却下されました。私は血の気の多いたちだったので、上司に食ってかかります。ほとんど暴言という言葉も吐きました。当時の同僚たちは、「またゴジラが火を吹いてる」と笑っていました。私のあだ名は火を吹く「ゴジラ」でした。

しかし、上司とケンカしても、勝ち目はありません。結局は敗退して、どうするかというと、飲みに行くのです。仲の良い同期や後輩を引き連れて飲みに行っては、「あんな上司じゃダメだ！」とか、「こんな会社、つぶれるわ！」などと言って、吠えまくっていました（笑）。

とはいえ、そんな自分自身も情けなく、どうにかこの状態を脱したいと思っていました。転職も考えましたが、きっと転職先でも同じようなことになるだろうと思い、ひそかに独立を模索するようになります。

目の前の仕事は精一杯取組み、評価もしていただきました。念願だった海外での仕事にも、携わらせてもらいました。来年は課長にするぞ、と上司に言われたのですが、それでも心の中のわだかまりは消えません。

そして、12年間勤めたあと、独立を前提として、自動車メーカーを退職します。

実は、退職した当時は、今の仕事とはまったく関連のない仕事で独立しようと思っていました。ところが、退職してすぐに、その仕事に対する興味を失ってしまいます。そもそも、その仕事に大した思い入れがあるわけではなく、単に退職の口実が欲しかっただけなのです（笑）。

さて、困りました。その当時、もう結婚していましたが、大企業の安定したサラリーマンから、いきなりプー太郎になってしまったのです。今後、自分はいったい何をすればいいのか。五里霧中の日々が続きます。

2　理念の探究

問題を解決させる原動力は自分にある

そんな中で、ある出会いがあります。

今もお世話になっている師匠のような方との出会いです。その方は、「理念」を教える専門家です。理念という言葉は、その当時の私にとっては、異次元の響きでした。理念とは、「究極目的」のことです。企業理念は、「わが社は何のために事業を行っているのか？」という問いに対する答えであり、人生理念とは、「私は何のために生きているのか？」という問いに対する答えです。

師匠に、「君は理念がないからブレるんだ」と指摘されました。人生の目的がわからないわけですから、目的地のわからない航海をしているようなものです。なるほど、その通りだと思いました。

そこで、師匠の指導の下で、人生理念をつくりました。足かけ2年ほどかかりました。難産でしたが、このために私は生きている、と思える、私の人生の目的が明確になりました。

・和を基とする社会秩序の展開を担う。

・人々の使命探究を支援する。

・青少年の人格的自立を支援する。
この3つが、私の人生理念です。

師匠には、もう1つ、指摘されたことがあります。

「小早くん、君は甘えているよ」

実際にはもう少し難しい言い方でしたが、わかりやすく言えば、こういうことです。

どういうことでしょうか。

自動車メーカーにいたころ、私は、自分は正しいことをしていると思っていました。保守的な上司に対して、改善提案をぶつけて果敢に立ち向かう、若きヒーローのように思っていたのです。しかし、実際にしたことはと言えば、改善提案をぶつけて、却下されると、飲んで愚痴をこぼすことくらい。大したことはしていないのです。

本当にその提案を実現させせようと思えば、普段から決定権者である上司と良好な関係を築いておくとか、外堀を徐々に埋めていって、上司もOKを出さざるをえない状況をつくるとか、いくらでもやりようはあったのです。

私は、「悪いのは上司だ」と思っていました。提案が実現しないのは、上司が無能だからだ、と思っていました。

しかし、仮に上司が悪く、無能だったとしても、その状況を打破する力は、自分にあるはずです。提案が実現しないのは、自分の意思が強固でないからです。自分の努力、実力が足りないからなのです。不平不満を言っていても、何も変わりません。

問題の原因や責任がどこにあるのかに関わらず、その問題を解決する原動力は自分にある。この当たり前のことに、師匠の教えで気づかされました。

3　足下のゴミを拾う

そうじは理念に向って歩むための実践

人生理念が明確に定まりました。問題解決の原動力は自分にある、ということも理解できました。その後の私は、これらの指針に沿って生きていくことになります。

当初私は、師匠のカバン持ちのような形で、理念を勉強する研修のアシスタント講師をしていました。私自身の気づきを、多くの人たちに伝えたい、という想いでした。

そんなことを足かけ5年間ほど続けました。

その中で、感じたことがあります。

確かに、理念は大切です。理念が定まることで、進むべき道が明確になります。迷いがなくなります。一本のブレない軸を持つことができます。

「問題解決の原動力は自分にある」という意識も、欠かせません。誰を批判するでもなく、自分の人生を自分で切り拓いていく覚悟を持つ、ということです。

しかしこれらは、頭の中だけで観念的に「こうしよう、こうしよう」「こうだ、こうだ」と思っているだけでは、なかなかそうはならない、というのが現実です。私自身、「わかっちゃいるけど……」という感じでした。

そこに至るためには、何らかの「実践」が必要だと感じていたのです。

そんなときに、たまたまある人から「小早くん、そうじをするといいよ」と言われました。「そうじをすると、人生が変わるよ。世の中が変わるよ」と。

実はそのときまで、私はそうじの「そ」の字も知りませんでした。特段にそうじが好きなわけでも、そうじを一所懸命やっていたわけでもありません。でも、なぜかその人の言葉が妙に胸に突き刺さっていました。

そして、その翌日、早起きをした私は、いきなり自宅のトイレの便器を磨きはじめたのです。当時は、やり方も知らず、道具も持っていませんでした。とにかく、我流で手元にある道具で、やたらめったらに磨くのです。こびりついた尿石や水垢を落とすのに、3か月ほどもかかりました。

また、近所のゴミ拾いもはじめました。健康のための散歩のついでに、ゴミ袋を持ちながら、目についたゴミを拾っていくのです。公園のトイレそうじも、仲間と一緒にはじめました。身の回りの整理・整頓にも取り組みます。

こんなことをしながら、気づいたことがあります。

たとえば、ゴミ拾いをしていると、大量のゴミが散乱している場面に出くわすことがあります。

〔図表47　問題解決するのは自分だ〕

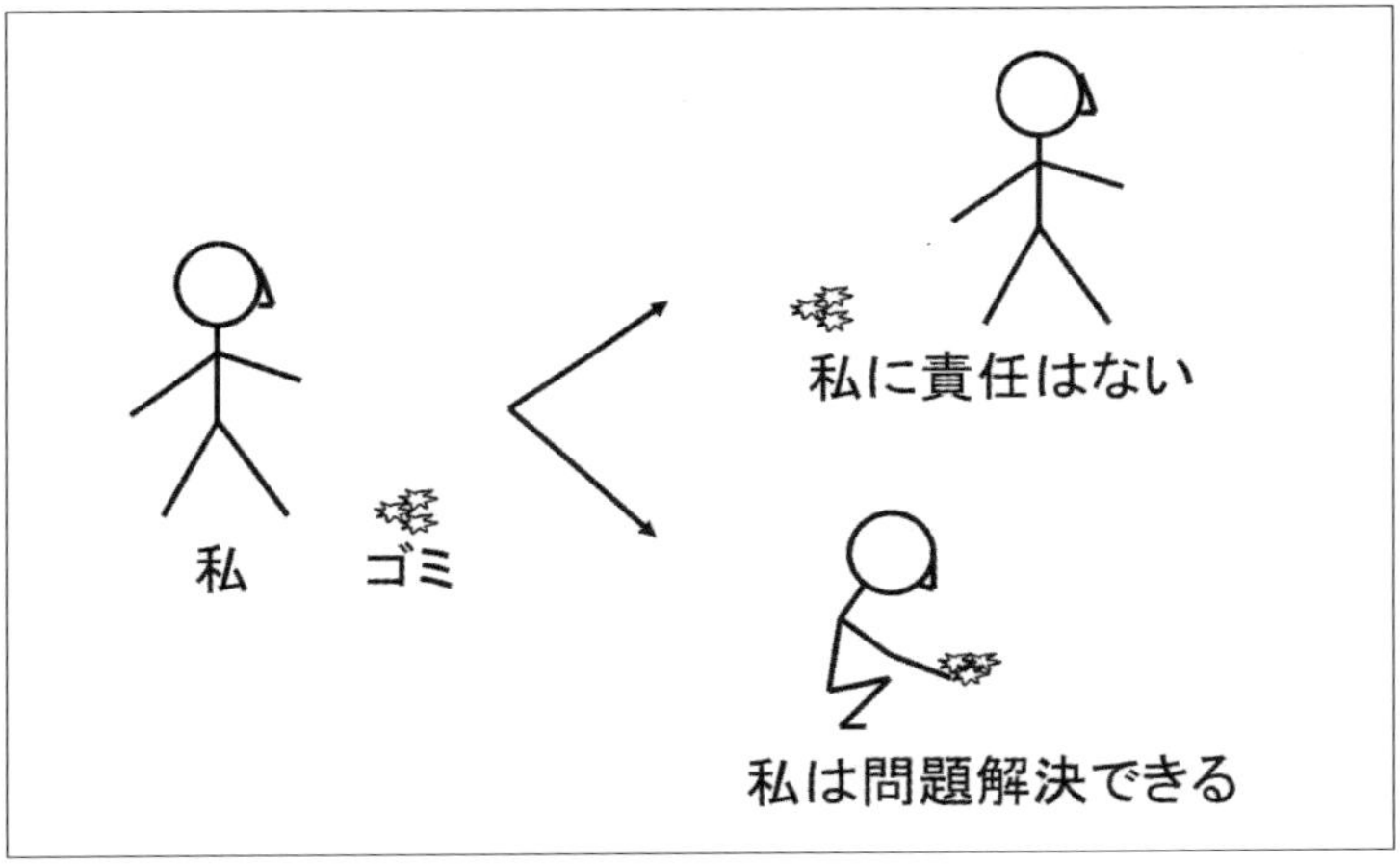

誰かが意図的にぶちまけたのでしょうか。あるいは、どこかのゴミ捨て場のゴミをカラスが食い散らかしたのでしょうか。いずれにしても、これらを片づけないわけにはいきません。内心、嫌だなと思いながらも（笑）、持参したゴミ袋に、散乱しているゴミを収納して片づけていきます。

すると、どうでしょう。キレイになった路面を見て、なんともいえない清々しい気持ちになるのです。

自動車メーカーに勤めていたころの私なら、このような場面で、まず、「誰がゴミをぶちまけたんだ！」と怒っていました。そして、自分は何もせずに通り過ぎる。これでは何も変わりません。

でも、ゴミを拾うようになって、私の思考と行動は変わりました。誰がやったかは関係ない。この問題を解決するのは、自分だ、と（図表47）。

公園のトイレそうじをしていると、ときどき、便器に「落し物」が放置されていたりします（笑）。以前の私なら、「誰がやった！」と怒り狂って、何もしなかったでしょう。でも、今は、勇気を出してキレイにします。内心、嫌ですが（笑）。でも、キレイになったトイレを見ると、やはり、とても清々しい気持ちになるのです。

なるほど、そうじというのは、問題にぶつかったときに、責任を追及したり他人を批判したりするのではなく、自分でできることを実行して解決していくための、格好の訓練なのだ、と気づいたのです。

この〝そうじ〟という訓練は、理念に向かって歩むための、とてもよい「実践」なのです。

4 『にこにこサイクル』と『ぷんぷんサイクル』

そうじをすると『にこにこサイクル』が回る

そして、こうした「足下のゴミを拾う」というような行動を、組織内の多くの人が実践するようになると、その組織内に『にこにこサイクル』が回るようになります。これは、『和道』の研究者である大和信春先生が提唱された概念です。

私たちの人間関係には、大きく分けて『にこにこサイクル』と『ぷんぷんサイクル』があります（図表48）。

「役に立つ」からはじまり、周りに「喜ばれる」→周りから「大事にされる」→自分が「助かる」

〔図表48　二つのサイクル〕

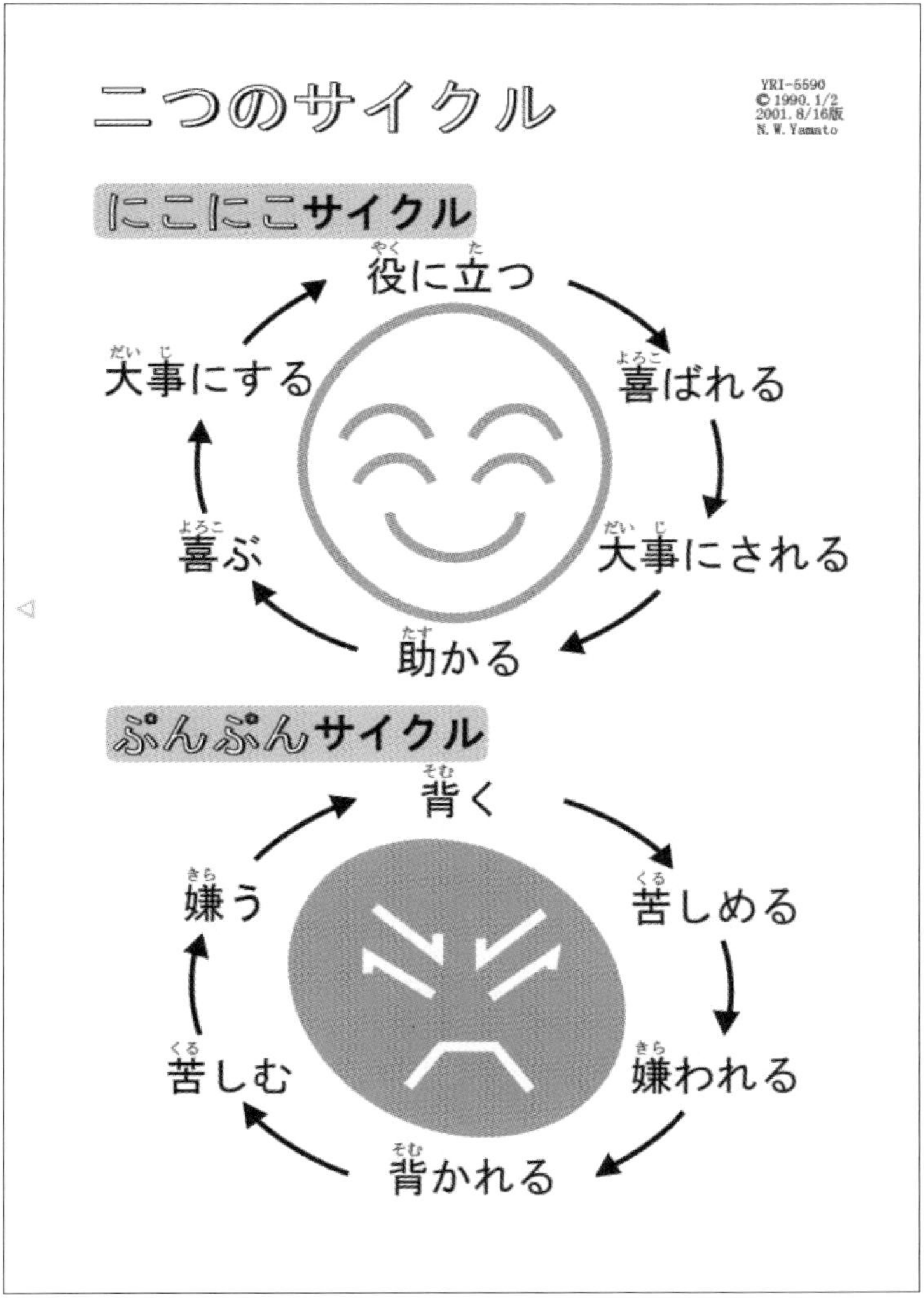

↓自分が「喜ぶ」↓ますます周りを「大事にする」↓ますます周りの「役に立つ」、というスパイラルアップしていく正の循環が、『にこにこサイクル』です。

その逆が、『ぷんぷんサイクル』です。

振り返ってみれば、以前の私は『ぷんぷんサイクル』ばかりでした（笑）。

〝そうじ〟は、小さなことですが、「役に立つ」行為です。

足下のゴミを拾うという小さな行為から、「役に立つ」循環がはじまります。

この『にこにこサイクル』を世の中に広めていきたい。そのためには、〝そうじ〟が一番よいと思ったのです。

前述したように、人間はよいと思ったことでも、頭の中の観念だけでは、そのようになることは難しいものです。

〝そうじ〟のように、手足を動かし、汗を流す「実践」を積み重ねていくことで、いつの間にか、そうなっていくものだと思います。

実際、そうじをはじめてから、私の意識は変わっていきました。

これを、企業組織の変革のために応用すれば、おもしろいことが起こるはずだ。そう思って、これまでにやってきた理念の研修の中に、〝そうじ〟を組み込んでいったのです。

これが、私が株式会社そうじの力を立ち上げ、「〝そうじ〟をつうじた組織風土改革の支援」を行っている理由なのです。

5　『半日村』の一平にあこがれて

1人の行動が世の中を変える

とはいえ、こうした〝そうじ〟をつうじた変革の取り組みは、一般にはなかなか賛同を得にくいものです。

そうじをして会社をよくしよう、と言うと、ほとんどの人は、「それはよいことだ」と言います。よいことだから、誰も反対しません。でも、実際に取り組む人は、実は多くありません。

なぜか。それはきっと、「金の匂いがしない」からではないかと思います（笑）。そうじがよいことだということはわかる。でも、そうじをしたからといって、儲かるとは思えない。儲けるためには、もっと他の、手っ取り早い施策をしたほうがいい。そういう心理だと思います。責める気にはなりません。儲けることは、経営者にとって大事なことですから。

だから、この〝そうじ〟をつうじた組織風土改革の取り組みを世の中に広めていくためには、忍耐が要ります。根気が要ります。諦めずに続けていく覚悟が必要です。

ここで、私は一冊の童話を思い浮かべます。斎藤隆介：作、滝平二郎：絵の『半日村』という童話です。

少しだけあらすじをご紹介します。

ある村は、東側に高い山があって、なかなか日が昇りません。

お昼ごろになってようやく日が昇るので、半日しか日が当たらず、『半日村』と呼ばれています。

そのため、農作物は育たず、村人たちは皆やせて、蒼い顔をして、元気がありません。

父母の困っている姿を見た少年、一平は、翌日から行動を開始します。

一平の取った行動。それは、東側に立っている山に登り、頂上の土を削って袋に詰め、それを持って降りてきて、その土を湖にあける、というものでした。

一平は来る日も来る日も、それを続けます。

一平の姿を見た人たちは、子どもも大人も、最初はバカにしていました。

「山がうごかせるもんじゃねえ。みずうみをうめられるもんじゃねえ」と。

しかし、まず子どもたちが一緒にやりはじめます。

一平の姿を見て、なんだか面白そうな気がしてきたからです。

次に、大人たちが手伝いはじめます。

1人2人が手伝いだすと、3人4人。3人4人がやりはじめると、5人6人。

ついには、村中の人たちが、来る日も来る日も山に登って、土を運んで降りるようになります。

そうして、何年も何年も経ちます。

当時の大人は死に、一平たちも大人になりました。

ある日、にわとりが鳴くと同時に、半日村に日が差しました。

ついに、山が低くなり、朝に日が差すようになったのです。

それから村は、『一日村』と呼ばれるようになります。


こんなお話です。

しょせん童話、と片づけられない真理が、そこにあるように思いませんか。

世の中に、こうしたことは、実際にあると思います。

誰でも、最初は1人です。

でも、信念を持って続けていけば、必ず賛同者が現れます。

少しずつ賛同者を増やしていって、それがいつの間にか、世の中を変えるような動きにつながっていくのです。


〝そうじ〟をつうじた組織風土改革の取り組みは、言ってみれば、一平の取り組みです。

私自身、とても一平のようにはなれませんが、あこがれの存在です。

世の中で、〝そうじ〟に取り組む人たちは、皆さん、一平だと思います。

各所、各分野の「一平」を応援するのも、私の役目だと思っています。

各地で「一平」が生まれ、『にこにこサイクル』が回っている

実際、各地でそれぞれの「一平」が生まれ、その組織や地域社会で『にこにこサイクル』が回っ

ています。

第4章でご紹介したすべての企業では、推進者である社長だけでなく、趣旨に賛同した社員が「一平」となり、まずは自分自身が愚直にそうじに取り組んでいます。そして、その姿勢が周囲を巻き込み、『にこにこサイクル』を回しています。

他にも、ある企業では、社長夫人が、そうじの活動をはじめたあと、愛犬の散歩をするときには、いつも路上に落ちているゴミを拾いながら歩いているのだそうです。その会社では、以前よりも社員間のコミュニケーションが取りやすくなり、何ごとにおいても協力しあえるようになった、といいます。

また、ある企業では、毎年5月と11月に会社周辺の地域清掃を行っています。今から10年ほど前からはじめたことですが、その後、周囲の他の会社も地域清掃をするようになり、さらに、地元の自治会なども地域清掃をするようになって、以前と比べて、地域に落ちているゴミが激減し、キレイな環境が保たれているそうです。川沿いの環境がキレイになったことで、最近ではホタルを見かけるようになったとか。

ある設備工事会社では、女性活躍委員会という社員の有志の会があります。彼女たちは、建築現場のトイレそうじを定期的に行っているそうです。たくさんの業者が入れ替わる建築現場なので、他の業者さんたちから大いに感謝されているそうです。

今後も、各地で「一平」が生まれ、『にこにこサイクル』を回していってくれることでしょう。

第7章

永続的な組織変革・活性化のために大切なこと

1　見た目をよくすることが目的ではない

目的は何か？

〝そうじ〟の取り組みは、見た目をキレイにする活動だと、とらえられがちです。

確かに見た目はキレイになりますし、それも1つの価値ではありますが、「キレイ」は結果であって、目的ではありません。

では、目的は何でしょうか？

それは、一口で言うならば、

「組織風土をよくする」ことですが、

もう少しわかりやすく言うと、

「自立的な風土」かつ「互いに協力し合う風土」をつくることであり、

さらにくだいて言うならば、

「各人が本来の持てる力を発揮できるように」し、

「互いに気持ちよく仕事ができるように」する

ことだと思います。

本書冒頭でも申し上げたとおり、いきなり人間の内面に踏み込んでいくことは極めて難しいので、まずは物理現象にアプローチして、それをつうじて、各人の意識や仕組みといったものを変革していこうという取り組みなのです。

不備は改善のネタ

見栄えをよくすることを目的にしてしまうと、さまざまな弊害を引き起こします。

たとえば、本当は手元に置いておくと使いやすい道具を、わざわざ壁掛け式にしたり、溜まった書類を退社時だけロッカーの中に移動して、見せかけの「机上ゼロ」にしたり（笑）、といったことです。これでは、かえって効率は落ち、気づきの感度も上がりません。

あるいは、見栄えのよくないところを、無理やりにでもキレイにするために、罰を与える、というケースもあるようですが、これでは逆にギスギスとした風土になってしまいます。

そうはいっても、乱れたり汚れたりしているものを見過ごすことはできない、というのが社長の本音でしょう。

だから、そういった不備は、「改善のネタ」だととらえるようにしてください。

モノからコトへ

前述の目的に鑑みれば、「モノ」へのアプローチは、１つのキッカケであって、大切なのは、その奥にある「コト」へのアプローチなのです。

そのためのネタが、乱れや汚れなのです。

たとえば、書類で溢れかえっているデスクがあるとしましょう。ひとまず、要らない書類を捨てることから活動は始まります。しかし、そこで終わってしまっては、いずれまた書類は溜まってしまいます。

なぜ書類が溜まるのか？

それは、捨てるルールが決まっていないからです。だから、どの書類をどのようなタイミングで捨てるのか、ルールを決めなければなりません。

しかし、ルールを決めたからといって、そのルールが徹底されるとは限りません。ルールが浸透するためには、必要な情報が共有される仕組みや、お互いに忌憚なく指摘したり意見交換したりできる空気が必要になります。

つまり、本当に大切なのは、書類を捨ててその場をキレイにすることではなく、それをキッカケにして、ルールをつくったり仕組みをつくったり、よい空気をつくる努力をしたりすることなのです。

真の課題を見出す

真の目的を理解すれば、真の課題が何かも見えてきます。

ある印刷会社では、不良在庫が多く、そうじの活動においては、不良在庫を整理することが大きな課題でした。

しかし、なぜ不良在庫が多いのか、と原因をたどっていくと、作業員の印刷技術の習熟度に差があり、印刷技術の未熟な作業員が不良品を多くつくっている事実が判明しました。

そこで、真の課題は、熟練工の技術が新人たちに伝承されていないことだと気づき、技術勉強会をスタートさせました。

また、あるお弁当製造会社は、忙しくて社員の負担が大きく、なかなかそうじの時間を捻出できない現状がありました。

しかし、なぜそんなに忙しいのか、原因をたどっていくと、メニューの種類が多すぎることや、配達エリアが広すぎることなどの課題が浮かび上がってきました。

そこで、メニューを統合して削減し、配達エリアも絞ることにしたのです。

目の前をキレイにすることだけにこだわっていては、決してこのような「本質的問題」には切り込んでいけないでしょう。

2　うまくいかないから、よくなる

現われた問題は改善のネタ

〝そうじ〟の取り組みをはじめると、目に見えて環境が変わります。

モノが減り、スペースが拡がり、見通しがよくなります。

どこに何があるのかわかりやすくなり、ストレスが減ります。

汚かった床や壁、車などがキレイになり、気持ちがいいです。

とはいえ、順風満帆に進んでいくとは限りません。

壁にぶち当たって停滞したり、予期していなかった、さまざまな問題が噴出してきたりすることでしょう。

そういうときに、「うまくいっていない＝悪」ととらえないでほしいのです。

前項でも述べたように、表面化してきた問題は、いわば「改善のネタ」です。

そのネタを改善していけば、よりよくなるわけですから、むしろ問題が表面化してきたことを、喜ばねばなりません（笑）。

失敗は歓迎

それに、ことは〝そうじ〟です。

失敗したとしても、会社に損害を与えるわけでもありません。

そもそも、失敗というのは、言い換えれば「うまくいかない方法の発見」ですから、それがわかるということは、1つの勉強です。次は、違うやり方をすればいいのです。

たとえば、整頓というのは、誰が見てもわかりやすく使いやすい置場を整えていくことですが、最初からベストな方法など、誰にもわかりません。

だから、まずは、よいと思われる方法で、試しにやってみるわけです。ところが、実際に運用してみると、使い勝手が悪いとか、かえってわかりにくくなってしまった、ということは、よくあります。そんなときに、それを主導した人を批判したりしたら、その人はもう二度と前向きに取り組んではくれないでしょう。うまくいかなかった教訓を生かして、次はもっとよいものをつくればいいのです。

トライ&エラーでいい

実際、私がお手伝いしている企業においても、事務所のデスクの配置や、工場の工具類置場の仕様は、何度もやり変えていますが、いずれも「完璧」ということはありません。やるたびになんらかの問題が出てきます。ただ1つ言えるのは、やり変えるたびに、以前よりはよくなっている、ということです。

トライ&エラーでいいのです。

失敗は、歓迎すべきことなのです。

実務においては、失敗すれば会社に損害を与えることがあります。

でも、〝そうじ〟の失敗で会社に損害が出たという話は、聞いたことがありません（笑）。

人は、失敗して成長します。だから、「人を育てる」という観点からも、おおいに失敗してもらう機会だととらえていただきたいのです。

3　徹底することの大切さ

せっかくやるなら徹底する

「見た目をよくすることが目的ではない」とか「失敗は歓迎」ということと矛盾するように聞こえるかもしれませんが、一方で、「徹底する」ことも大切です。

ときどき、「どうして小早さんは、そんな細かいことにこだわるんだ」というようなご意見をいただくことがありますが、それは、真剣勝負で徹底することにこだわらないと、すべてがなあなあになってしまい、成長しないからです。

たとえば、机上ゼロ。パソコンや電話などの固定されたものを除いて、すべてゼロにします。少しくらい書類が積んであっても、いいじゃないか、とか、ペンやハサミなどの事務用品は、どうせまた使うのだから、出しっぱなしでもいいじゃないか、というような意見が出たりします。しかし、1つ例外を許してしまうと、また次のものが増えて、際限がなくなってしまいます。モノが中途半端に載っていると、それに慣れてしまい、異常感知能力が磨かれません。

あるいは、工場の姿置きの工具類。おうおうにして、せっかく姿置きにしているにも関わらず、定位置に戻らずに、その辺にチョイ置きされていたりします。これを放置していると、次々とチョイ置きが発生し、しまいには、すべての工具がその辺に散らばっている状態になってしまいます。

決められたルールは守る、という風土が、健全な組織には欠かせません。工具類のチョイ置きは、ルール破りの第一段階です。早い段階で、その芽を摘んでおくことが必要です。

同じことが、服装にも言えます。構内ではヘルメットを着用すること、というルールがあれば、絶対にそれを守るようにします。ヘルメットを着用していない人を見かけたら、その場ですぐ注意しなければいけません。なぜなら、そういういい加減なことを許していると、きちんとルールを守っている人がバカらしくなってしまい、「悪貨が良貨を駆逐」してしまうからです。

あるいは、バックヤードの乱れや汚れ。どうせお客様には見えないところだから、いい加減でいいじゃないか、という声が聞こえてきそうですが、見えないところほど重要です。見えないところを整えることで、「裏表のない心」を養うことができます。見えるところだけキレイにするのでは、「本音と建て前」の心を助長し、「その場しのぎ」の風土をつくってしまいます。見えないところを徹底して整える習慣がつくと、見えるところの変化や異常にも、すぐに気づく感性が養われます。

トイレだって、便器の裏も表もピカピカに磨いて、それこそ舐められるくらいにしておくから、誇りや自信が持てるのです。そこそこキレイなくらいでは、「普通」です。「普通」では、誇りも自信もわいてきません。

そして、徹底しなければ、何が成功で何が失敗かもわからないのです。前項で解説した、「失敗を糧に成長する」ことができないのです。

せっかくやるならば、徹底することです。

4　楽しくやる

徹底するから楽しくなる

そして、「楽しくやる」ことも、とても大切です。

〝そうじ〟の取り組みは、「ここが乱れている」とか「ここが汚い」などと、どうしても「ダメ出し」になってしまう面があります。

でも、やはり人間は、楽しくないことは、続きません。

できるだけ楽しくできるように工夫することが大切です。

まず、「乱れている」とか「汚い」とかの不備については、それを「改善のネタ」ととらえましょう。たくさん不備があれば、ネタがたくさんあってよかったね、ということです。だって、ネタがなかったら、つまらないじゃないですか（笑）。だから、「ダメ出し」ではなく、「ネタ探し」ですね。指摘されるほうも、ヘコむことはありません。そのネタを改善していけば、間違いなく今よりもよくなるのですから。

ネタ探しと同時に、「よいとこ探し」も必要ですね。そうじを続けていけば、少しずつであっても、必ず以前よりはよくなっているはずです。以前よりよくなっているところを探して、それを誉めたり共有したりしましょう。

〔図表49　背表紙を揃えると、FINE の文字が現れる〕

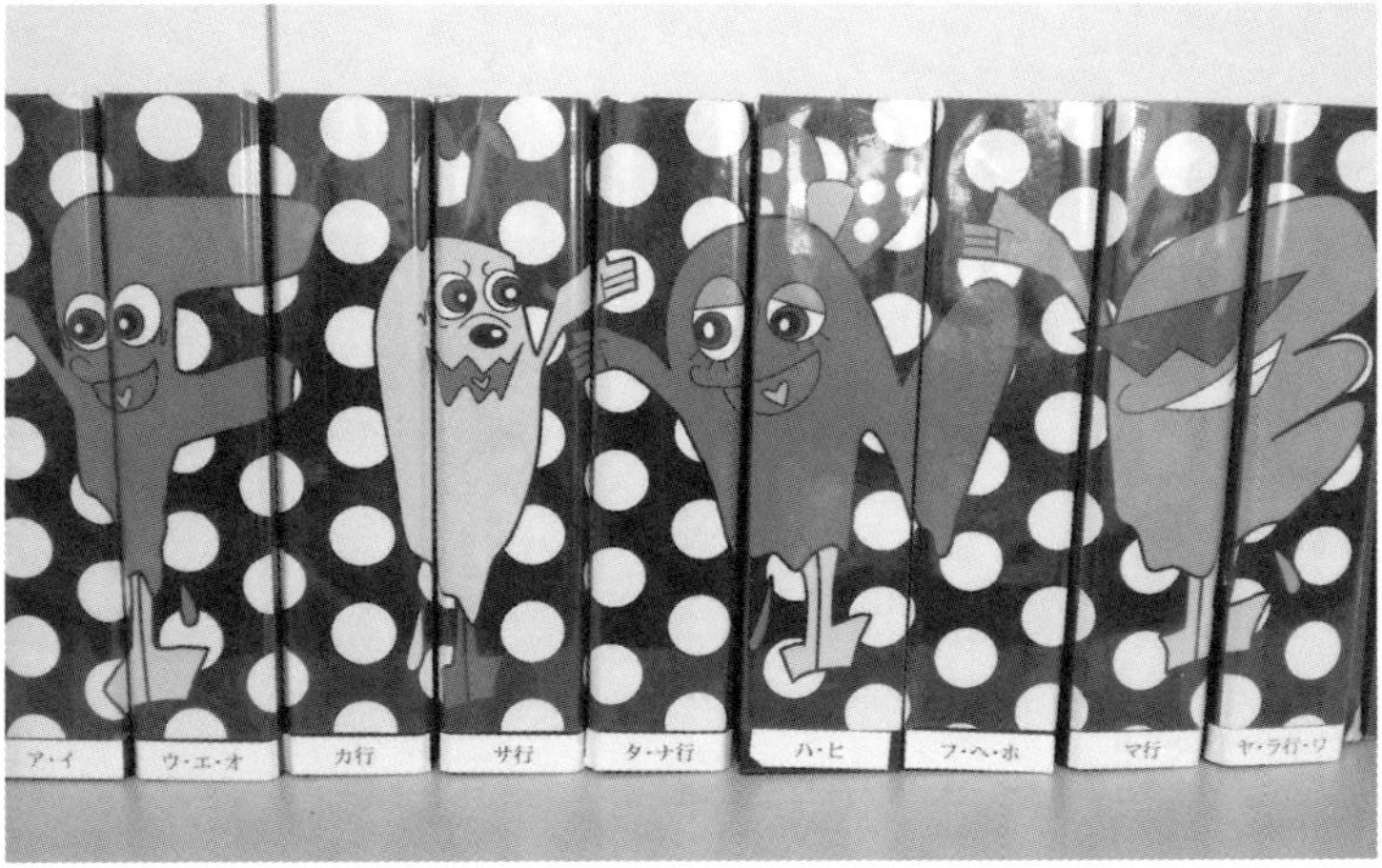

そして、活動するさいには、できるだけ大人数で一緒に行うことです。

１人より２人、２人より３人、３人より４人で活動したほうが、絶対に楽しいです。人数が多ければ、それだけで賑やかになり、場が活気づきます。

また、活動時間に音楽（ＢＧＭ）をかけるなどしている会社もあります。

あるいは、何かのイベントとつなげてそうじを行ってもいいでしょう。たとえば、土曜日の午前中に全員で、大掛かりな整理を行ったあと、お昼にバーベキューや流しそうめんなどをするのも、楽しいものです。

整頓も、楽しく工夫することができます。たとえば、書類のファイルの定位置化を、絵や写真を使ってパズルのようにするのです（図表49）。よい意味での「遊び心」は、楽しいだけでなく、物事を整える力にもなります。

ところで、前項の「徹底する」ことと、「楽しくやる」ことは、決して矛盾することではありません。たとえば、工場の姿置きの工具類。あるべき場所にあるべきものがある状態が徹底されれば、誰だって嬉しくなります。もっとよくしようという気になります。ヘルメット着用が徹底されれば、「きちんとした服装をすることがカッコイイ」という雰囲気になり、「身だしなみコンテスト」の開催が企画されるかもしれません（笑）。トイレも、舐められるくらいにピカピカならば、「本当に舐めてみるかい？」などという会話が飛び交い、楽しくなります。

徹底するからこそ、楽しくなるのです。

5　経営計画書に明記する

水戸黄門の印籠

さて、全社をあげて〝そうじ〟に取り組むとき、社長にぜひやっていただきたいのが、「経営計画書に明記する」ことです。

そもそも、社長命令って、どうしたら実行に移されるのでしょうか？

社長がひと言、「○○をやりなさい」と言葉を発すれば、あとは粛々と実行されていくものでしょうか？　そんなこと、ありませんよね。

まして、ことは〝そうじ〟です。そうじをする時間がもったいない、そうじをするくらいなら仕事をしたい、とほとんどの社員は思います。

そうじは優先順位が低いのです。

なぜでしょうか？

ほとんどの社員にとって、一番大切なのは、いま目の前で動いている仕事だからです。それによって売上が立ち利益が生まれ、自分の給料も確保されるわけですから、当然ですね。

でも会社には、今すぐ必要ではないけれど、将来のためにやらなければならないことがあります。その1つが、〝そうじ〟です。

そうした喫緊の課題でないことを社員に取り組ませるためには、〝お墨付き〟が必要です。社員にしてみれば、社長命令で一所懸命にそうじをしているのに、気まぐれな部長に「そうじばっかりして仕事をサボるな」なんて言われたら、たまりませんからね（笑）。

経営計画書は、いざという時の〝水戸黄門の印籠〟みたいなものなのです。

書き方が大事

じゃあ、経営計画書に何でもいいから書けばいいのか、というと、そこにもちょっと工夫が必要です。

たとえば、経営計画書の最初に、目標の売上高や利益がデカデカと記載され、その後のページにも、いろいろな必達のノルマが何ページにもわたって延々と続き、最後のほうのページに、小さく、「そうじをしましょう」では、社員はまずやらないでしょう（笑）。

なぜなら、その書き方、書く順序こそが、社長の考える優先順位だからです。

大きく前のほうに書いてあることの優先順位が高く、小さく後ろのほうに書いてあることは優先順位が低いというのは、誰でもわかります。

優先順位の低い仕事は、「手が空けば」「気が向けば」やるということになるでしょう。

社長がそうじの優先度を高く考えているのであれば、前の方のページに、デカデカと、「わが社の最重要課題の1つとして、そうじに取り組む」と明記すべきでしょう。

経営計画書は簡単でいい

そうはいっても、ウチには経営計画書なんてないよ、という会社もあるでしょう。

ならばこの際、つくりましょう！

私は経営計画書の専門家ではないので、詳しい解説はできませんが、要するに、会社を経営する上で、「守りたいこと」、「実現したいこと」、「大切にしたいこと」、「避けたいこと」などを書いていけばいいのです。

形式にこだわる必要はありません。

私自身も、弊社の経営計画書は、まずA4用紙1枚からはじめました。

上述したように、優先順位の高い事柄から書いていきます。

もし御社にとって〝そうじ〟が欠くべからざる大切な取り組みであるならば、自然と経営計画書の前の方に記載されることでしょう。

経営計画書は、いってみれば、羅針盤あるいは航海図です。これがなければ、いったい我々の船はどこにどのように行くのかわかりません。

経営計画書は、社員にとってだけでなく、社長自身にとっても、頼れるナビゲーションになることでしょう。

6　理念が大切

私は〝そうじ〟をつうじた組織風土改革の専門家なので、いわば「そうじ原理主義」ともいえるくらい、そうじの持つ力に自信をもっております。自分の会社に「そうじの力」という名前をつけたくらいですから（笑）。

とはいえ、そうじだけしていれば、すべてがうまくいく、などというつもりはありませんし、企業がよくなるには、さまざまな要因が複雑に絡みあっている、ということも理解しています。

うまくいかないことも、もちろんあります。

そうじをしてもよくならない会社

世の中にいろいろな会社がある中で、1つだけ、こういう会社はそうじをしてもよくならない、というケースがあります。

それは、社長の経営に対する考え方が邪悪だったり、未熟だったり、方向性がまったく定まっていなかったりするケースです。

たとえば、社員を使い捨ての駒としか考えていない社長。これは論外ですね。

金儲けのことしか頭にない社長。もちろん企業経営である以上、金儲けは大事ですが、それだけでは人間としてどうなのでしょうか。

公私混合して会社を私物化する社長。

あるいは、うまくいかないことを、社員や取引先のせいにする社長。社員や取引先の悪口を、いろいろなところで話す社長。じっさい、こういう社長はけっこういますね。まあ、私自身も、肝に銘じて気をつけなければなりません。

そうでないとしても、事業の方向性がコロコロと変わり、まったく一貫性がない社長。

将来のビジョンや展望がまったくない社長。

まるで借金を返すのが経営の目的のような社長。

これでは社員も困ってしまいます。

だからこそ、「理念」が大切なのです。

理念とは「究極目的」

理念とは、ひと言でいえば、「究極目的」です。

目的とは、「何のために」という問いに対する答えです。

「わが社は何のために企業活動を行っているのか?」という究極の問いに対する答え。それが企業理念です。

「自分は何のために経営をしているのか?」という問いに対する答えが経営理念です。

最近では、理念の重要性が叫ばれているので、いちおう「理念」と書かれた額が飾ってあることが多いです。でも、その中に、一番大切な「目的」が欠けていることがよくあります。目的のない理念は、たんなる精神論です。

また、たとえ掲げられている理念の文言が立派でも、経営者の本音が違うところにあれば、それは意味をなしません。「本音と建て前は違う」ということで、誰もその理念に沿った行動はしないでしょう。

本物の理念は、ブレない経営の指針です。社長も社員も共感・共有する、エネルギーの源です。ぜひ多くの経営者の方々に、本物の理念をつくっていただき、その理念に沿った経営をしていただきたいと思います。

そのためにはまず、自分の思いを書き出してみることです。その中で、これぞ本望と思えるものが理念になります。

7　一番大切なのは、社長の姿勢

いよいよ、本書も終盤に近づいてまいりました。

締めくくりに、一番大切なことをお伝えしたいと思います。

前項の「理念が大切」とも密接に関係していることですが、〝そうじ〟の取り組みにおいて一番大切なのは、「社長の姿勢」だということです。

そうじは「やらせる」ものではない

ときどき、「小早さん、ウチの社員たちがちゃんとそうじをするように教育してやってくれ」という社長がいます。こういう社長は、私の研修や現場指導には参加しません。このようなオファーは、受けないことにしています。

そうじというと、何か下々がやることのようにとらえて、社員に「やらせる」という考えの社長です。

ですが、本書でこれまでにご説明してきたように、〝そうじ〟とは、決してそのような取り組みではありません。

社長から社員、パートやアルバイトまで、すべての人たちが一緒になって取り組む活動なのです。

そうじをするのに、社長も専務も部長も課長も係長も新入社員も、関係ありません。社長だからスペシャルにすごいそうじができるわけではないでしょう（笑）。そうじの取り組みにおいては、皆がフラットな立場なのです。

社長がみずから変わる

そして一方で、社長は皆の手本でなければなりません。

社長室に書類が山積みになっている状況では、説得力がありません。社長室を社員から遮断し、立ち入らせないようでは、風通しのよい社風はつくれません。

社長は「こだわり」や「執着」を捨て、みずから「変革」に身を投じる覚悟を持つべきです。

社長が変われば、会社が変わる。

これは間違いのない真理です。

8　率先垂範の罠

「背中を見せる」ことの間違い

「社長がお手本を」という話をすると、「やはり率先垂範が大事ですね」と応じる社長さんがいますが、私が申し上げている主旨は、率先垂範とも、ちょっと違うのです。

社内で何かの取り組みをする場合、まずは経営者自身の「率先垂範が必要だ」と、よく言われます。あるいは、「社長が背中を見せなければ」なんてふうに言われることもありますね。

そこには、経営者が、「演技でもいいから、やってみせて、社員にやらせる」という意図があるように思えます。「やらせる」という考え方そのものが、私には馴染めません。

そもそも人間は、「やらせる」ことで「やる」ようになるものでしょうか？

親子関係を考えると、よいヒントになると思います。

たとえば、親が子どもに読書をさせたいと思ったとします。そこで、「やはり親の率先垂範が大切だ」ということで、子どもの目の前で、親がこれみよがしに本を開いたとします。親は、「これが、背中を見せるということだ」と満足するかもしれません。

でも、これで子どもは読書をするようになるでしょうか？　絶対になりませんよね。もしその親自身があまり読書をしない人間だとしたら、その「ポーズ」は、簡単に子どもに見破られてしまいます（笑）。

そもそも、なぜ読書をさせたいと思うのでしょうか？　それは、読書が有益だと考えるからでしょう。だとすれば、自分自身が読書をすればいいのです。それを、社員であれ、子どもであれ、他人に押しつけようとするところが間違いのもとです。

一方で、「読書が苦手だ」という親もいるでしょう。人間には得手不得手がありますから、読書が苦手だからといって、非難される筋合いのものでもありません。それでも、読書が有益と考えるのであれば、やはり自身が読書に取り組む必要はあるでしょう。

バンドやろうぜ！　のノリで

私がよく例に出すのは、音楽のバンドです。バンドにはリーダー（社長）がいます。たいてい、「バンドやろうぜ！」と声をかける言い出しっぺがリーダーになります。

バンド（会社）においては、それぞれのメンバー（社員）に役割があります。もちろん、リーダーも1つの役割を担います。それはボーカルだったりギターだったりドラムだったりします。でも、必ずしもリーダーが一番上手なわけではありません。メンバーの中に、リーダーよりも演奏技術が高い人、音楽的素養の豊富な人がいることも珍しくありません。

じゃあ、どうしてヘタでもリーダーが務まるかというと、ひと言でいえば、情熱があるからでしょう。好きだからでしょう。

会社における〝そうじ〟の取り組みにも、同じ構図があてはまると思います。

リーダー（社長）は、まず何よりも、その取り組みが「楽しい！」と感じることが必要ではないでしょうか？　得意でなくてもいいのです。ヘタでもいいのです。でも、そうじをみんなですることが好きだという情熱、それだけは欠かしたら、バンドが成り立ちません。

まとめると、そうじの取り組みは、社長が社員にやらせるものでも、社長が1人でやるものでもなく、社長と社員が心を合せて一緒にやるものだということです。

9　先約優先

社長が約束を守ること

最後に、これだけは社長に守ってほしいこと、これだけは踏み外したらすべてが崩れる、ということをお伝えして、本書を終えたいと思います。

それは、「約束を守る」ということです。

なんだ、そんなことか。そんなことは当たり前だ、と思われるでしょうか？　でも、私も多くの社長さんとおつき合いがありますが、意外に約束を守らない社長さんは多いものです。

たとえば、毎日5分間、全員、身の回りの整理、整頓をしましょう、と決めたにもかかわらず、それを実践しない社長。

こういう基準でモノを捨てましょう、と決めたはずなのに、モノが捨てられない社長。

使った道具を、元に戻さない社長。

構内ではヘルメットを着用しましょう、と決めたはずなのに、ヘルメットをかぶらない社長。

タバコは灰皿のある場所で、休憩時間に吸いましょう、と決めたはずなのに、適当な時間に歩きタバコをする社長。

最高経営責任者である社長が約束を守らないのですから、社員が守るわけがありません。

先約優先

そして、約束を守るということの中でも、一番の要は「先約優先」です。

私の仕事は、企業を訪問して、実地で社長さんや社員さんたちを相手に、そうじのやり方をアドバイスしたり、運営方法について助言したりする仕事です。

そんな中で、訪問した企業に、社長が出張でいらっしゃらないことがあります。私の訪問予定は以前から決まっていたことで、その際には、必ず社長が同席してください、とお願いしているにもかかわらず、です。聞けば、「大事な用事が入ってしまったので…」とのこと。

『先約優先』とは、事柄の大小にかかわらず、「先に交わした約束を優先すること」です。世の中一般を見ていると、この当たり前のことがそうでない事例が多いのに驚かされます。

たとえば、○月×日に、Aさんという顧客との商談予定が入っているとします。今、Bさんという顧客と商談のアポを取ろうとしているのですが、あいにくBさんは○月×日しか空いていないというのです。Aさんとの取引額は１００万円で、一方のBさんとの取引額は1億円です。この場合、あなたならどうしますか？

この問いを、私はいろいろな経営者の方に投げかけてみるのですが、多くの方が、Aさんとの予定をキャンセルして、Bさんのアポを入れる、と答えます。

でも、それで本当によいのでしょうか？　キャンセルを食らったAさんはどのような気持ちになるでしょうか。Aさんのような立場に立った人が増えてくれれば、世間のあなたの評判はどうなるでしょうか？

それに、今のAさんの取引額は100万円かもしれませんが、将来、Aさんが1億円の取引をしてくれる可能性だってあるのです。

もう少し、現実的にありそうな例を挙げてみましょう。

大口顧客のCさんから連絡があり、□月△日に来てほしいとのこと。ところが、当日は社内会議が予定されていて、出席を予定していました。この場合、多くの人が、社内会議をキャンセルして顧客訪問を選ぶでしょう。社内のことは内輪だと。顧客こそが大切なのだと。

でも、社内会議を仕切っていた社員の気持ちはどうでしょう。その会議で、あなたと話をしたいと思っていた社員の気持ちはどうでしょうか？

仕事と家庭の問題も、同様です。家族との約束を破り続けていると、そのうち家族から信頼されなくなってしまいます。この世でもっとも愛する家族から信頼されなくなるのは辛いですよね。

このように、「どちらが大事か」という判断は、目先の利益のことでしかなく、長い目で見ると、どちらが大事かなんて、誰にもわからないことなのです。だから、コトの大小にかかわらず、無条件に、先に交わした約束を優先するのです。それが、『先約優先』です。

社内で〝そうじ〟の活動をしようと決めた日時に、後から別の出張予定を入れてしまうようなことはありませんか？

会社をよくしようとするならば、まずは社長が『先約優先』を守ることからはじめましょう。

あとがき

〝そうじ〟をつうじた組織風土改革のお手伝いに携わるようになって、足かけ15年ほどになります。その間に得た知見を、いちど体系的にまとめてみたい、と思いつつも、なかなかその機会がありませんでした。

今回、本書の上梓という形で、それを実現することができました。

弊社、株式会社そうじの力は、「そうじで組織と人を磨く、日本で唯一の研修会社」を名乗っています。実際、そうじをつうじた組織風土改革のお手伝いに特化した会社は、弊社以外にない、と自負しております。

とはいえ、そうじをつうじて組織や世の中をよくしていく取り組みそのものは、別に私のオリジナルでもなんでもありません。多くの先達たちがさまざまな形で取り組んでこられたものを、私なりにまとめ直して、体系立てた、というだけのものです。

ここにいたるまでには、紆余曲折もありました。

多くの方々のお教えやご支援がなければ、ここまでこれなかったことは、間違いありません。

この場をお借りして、お世話になった方々に、謝辞を述べさせていただきます。

人生の師匠として導いてくださった黒田悦司先生。『理念』や『和道』について教えていただいた大和信春先生。そうじの持つ力について教えていただいたい鍵山秀三郎先生。公私ともによき先輩としてご指導いただいている須田知身さん。弊社のクライアント企業の皆さま。弊社スタッフ。そして、いつも支えてくれている家族。

私が今あるのは、みなさんのおかげです。

ありがとうございます。

小早　祥一郎

巻末附録

読者限定プレゼント

本書をお読みいただいた読者の皆さまに、３つの特典をご用意しました。

特典①：ミニセミナー動画（10分間）
特典②：あなたの会社の取り組みレベルがわかる
「診断チェックシート」
特典③：無料個別相談（あなたの会社の現状に合った取り組みのコツをアドバイス）経営者限定

下のＵＲＬもしくはＱＲコードよりアクセスのち、パスワードを入力し、所定のフォームにてお申し込みください。
https://www.soujinochikara.com/news/bktokuten/

パスワード：ｔｏｋｕｔｅｎ
なおこの特典は、予告なく終了することがありますので、あらかじめご了承ください。

著者略歴

小早　祥一郎（こはや　しょういちろう）

昭和 43 年生まれ。

早稲田大学卒業後、日産自動車株式会社に入社。

人事、営業、環境企画部署などにおいて、制度改革のプロジェクトリーダー等を歴任し、退職。

大和信春氏、黒田悦司氏の下で、『理念』『和道』などについて学ぶ。

“そうじ”には人を目覚めさせ、組織を変革させる「力」があることに気づき、【そうじで組織と人を磨く、日本で唯一の研修会社】株式会社そうじの力を設立。

累計 500 社以上を支援し、支援先からは製品不良率 30％低減や、利益倍増、新卒退職者 5 年間ゼロ、不良在庫ゼロ、若手から将来の幹部候補が育っている、などといった成果の報告が相次いでいる。

よりよい住処を求めて、家族とともに東京から群馬県高崎市に移住。

全国各地を飛び回り、現場指導や研修、講演活動にあたっている。

“そうじ”をすると、なぜ会社がよくなるのか

2019年 9 月19日　初版発行　　　2022年 3 月4日　第 2刷発行

著　者　小早　祥一郎　© Shoichiro Kohaya

発行人　森　　忠順

発行所　株式会社 セルバ出版
〒 113-0034
東京都文京区湯島 1 丁目 12 番 6 号 高関ビル 5 B
☎ 03（5812）1178　　FAX 03（5812）1188
https://seluba.co.jp/

発　売　株式会社 創英社／三省堂書店
〒 101-0051
東京都千代田区神田神保町 1 丁目 1 番地
☎ 03（3291）2295　　FAX 03（3292）7687

印刷・製本　株式会社 丸井工文社

Printed in JAPAN
ISBN978-4-86367-521-6